Sonia Abadi

Der Basar der Umarmungen

Übersetzung: Regina Huber

ABRAZOS

Originalsachtitel: *El bazar de los abrazos*

Übersetzung: Regina Huber

Umschlagsbild: Guillermo Alio

ABRAZOS
Daniel Canuti
Postfach 15 01 13
70075 Stuttgart - Germany
info@abrazosbooks.com
www.abrazosbooks.com

in Zusammenarbeit mit
www.art-dealing.com
Zeitgenössische Argentinische Kunst

ISBN: 3-9807383-6-1

2., erweiterte Auflage, 2010

Die Deutsche Bibliothek — CIP-Einheitsaufnahme:
Ein Titeldatensatz für diese Publikation ist bei der Deutschen Bibliothek erhältlich.

Inhaltsverzeichnis

Einladung zur Umarmung
(Widmung und Danksagung)

Eines Tages hatte jemand die Türe offen gelassen, und ich schlich mich in die Milonga ein. Ich beobachtete, hörte mich um, lernte zu tanzen, man erzählte mir einiges, anderes reimte ich mir selbst zusammen. Es war die Erfahrung am eigenen Körper und nicht der kalte, sachliche Blick des Forschers, die die Lust zum Erzählen in mir weckte. Sätze und Situationen, die beim Austausch von Vertraulichkeiten, Beschwerden und Erlebnissen aufkamen, haben zu diesen Erzählungen geführt. Ich fragte die vielen Touristen, die nach Buenos Aires zum Tanzen kamen, was der Grund für ihre große Leidenschaft für unseren Tango war. Die Antwort war immer dieselbe: „die Umarmung“.

Eines Tages sagte mir Mario, Luz und Diego seien auf der Suche nach jemandem, der für die Kolumne „Das Leben ist eine Milonga“ schreiben würde.

Wie sollte man den Tänzern erzählen, was sie bereits wussten, was sie selbst lebten? Ich beschloss, sie zu meinen Komplizen zu machen und zu erreichen, dass sie sich selbst in meinen Texten wiedererkennen würden. Und sie fanden sich wie in einem Spiegel. Jeden Monat, mit jeder Ausgabe der Zeitschrift mehrte sich die Anzahl der überraschten „entlarvten“ Leser, die mich erheitert darauf ansprachen.

Sie glaubten, sich in einer der Figuren wiederzuerkennen: „Sag, der Dicke, der mit den dünnen Frauen tanzt, das bin ich, oder?“. Andere wiederum fühlten sich gerächt: „Gut, dass du über die ‚schlecht betanzten‘ (*mal bailadas*)[1] Tänzerinnen geschrieben hast, sie verdienen es nicht anders“. Manche sagten mir: „Ich lese das, um zu verstehen, was mit mir los ist“. Sie gaben mir Anregungen, schlugen mir vor, über Themen zu schreiben, die sie beschäftigten. Alle fühlten sich in ihrer Vernarrtheit legitimiert.

Ich erhielt eine Mail von Alejandro, einem Dichter aus Buenos Aires, der weit weg lebt: „Die Artikel haben mir sehr gut gefallen, sie haben die ganze Milonga in sich - mit anderen Worten, sie haben alles in sich.“ Und genau darum geht es: um einen Auszug aus dem wirklichen Leben. In der Milonga verdichtet sich alles auf kleinstem Raum, und die Details dehnen sich aus und gewinnen an Bedeutung: Persönlichkeiten, Unterschiede, soziale Spannungen, die Beziehung Mann – Frau.

Wie beim Tanzen eines Tangos antwortete mir auf jedes geschriebene Wort ein Kommentar, in einem Dialog mit improvisierten Darstellern. Der Text setzt sich zusammen aus den bereits in „El Tangauta" veröffentlichten Artikeln, bereichert um die Beiträge der Tänzer, und anderen, bisher geheim gehaltenen Notizen. Lorena las die ersten Entwürfe mit mir; Daniel wagte es, den Text zu veröffentlichen; Guillermo verlieh ihm Farbe. (Erwarten Sie keine Nachnamen, das ist in der Milonga nicht üblich.)

Dieses Buch wurde geboren als uneheliches Kind einer Leidenschaft für den Tango, dem die Tänzer Pate stehen und das die Tänzerinnen in ihren Armen wiegen. Dafür musste ich dem Tanz Zeit abgewinnen, um zu schreiben, und umgekehrt, denn die Zeit, die ich meiner Arbeit widme, ist unantastbar. Diese Umarmung nach Art der Porteños, die ich mit allen teilen möchte, ist ein Ergebnis des Reizes der Milonga, der Leiden-schaft des Tangos und des Rausches des Vals[3].

Strömungen der Milonga
(*Corrientes*[4] *milongueras*)

Kein Porteño, der etwas auf seine Stadt hält, wird die Avenida Corrientes unerwähnt lassen. Sie durchquert die Stadt wie ein Fluss und ist geprägt von ihrer Geschichte, ihren Cafés, Theatern und Buchläden sowie dem recht auffälligen Obelisk. Umso mehr für den Tangoliebhaber, weil sie ihn an Themen wie *Corrientes 348*[5] oder *Tristezas de la calle Corrientes*[6] erinnert.

Aber für den *Milonguero*[7] ist Corrientes der geheime Schlüssel zur Welt des getanzten Tangos. Eine Straße, die sich mit ihrer Mystik anderen Strömungen auftut, die dieses unterirdische Netz von Buenos Aires bilden: die Milonga[8].

Während sich der erfahrene Milonguero an ihre Geschichte und Anekdoten erinnert, die ihr zu ihrem Ruhm verhalfen, respektiert sie der angehende Tänzer als einen unbestreitbaren Mythos.

Manche machen ihre ersten Erfahrungen mit der Milonga als „Tourist“ am Tisch der Freunde, die sie in das geheime Ritual einführen. Sie sind gleichzeitig fasziniert von und empört über den Anblick dieser Fanatiker, die sich Blicke zuwerfen, sich umarmen, sich umdrehen und auseinander gehen, ohne sich zu verabschieden.

Andere wiederum kommen auf den Tipp eines Freundes hin, der tanzt, und lassen sich auf die Strömung ein, indem sie vielleicht zunächst eine kleine Festung kennen lernen, wo sie ihre ersten Schritte tun können: eine alte *Confitería*, ein typischer *Club de Barrio*[9], ein herunter- gekommenes Tanzstudio, wo sie ein eigenwilliges Tanzlehrerpaar in die Geheimnisse des *Básico*, der *Ochos*, der *Giros* und der *Paradas*[10] einweiht.

Der Neuling entdeckt dieses erste Untergeschoss der Stadt mit einer Mischung aus Furcht und Faszination. Und er fühlt, dass er auf eine Geheimtür zu einer bis dahin unvorstellbaren Welt gestoßen ist. Er macht eine Erfahrung, die an das Marginale grenzt! Unterricht, *Práctica*[11], Milonga – die Grenzen verschmelzen, gehen ineinander über, überlappen sich: Alter, soziale oder kulturelle Herkunft, Körperproportionen sind keine Hindernisse mehr, sondern Brücken. Aber die eigentliche Überraschung beginnt erst jetzt. Kaum hat er/sie sich vom ersten Eindruck erholt, entdeckt der/die unbedarfte Tänzer(in) schnell die unterirdischen Strömungen, die von dieser kleinen Milongafestung ausgehen und dort zusammen- fließen. Zugeflüsterte Infos und Daten über andere Lehrer, Tanzstunden, Seminare oder Milongas bringen ihn auf eine Reise, bei der es von jetzt ab weder ein Ende noch ein Zurück gibt. Wenn ihn der Tango in seinen Bann gezogen hat, wird er sich seinem gewaltigen Sog hingeben, sich in ihm verlieren und finden.

Er beginnt, die Veröffentlichungen über Tango-veranstaltungen zu lesen, er studiert sie, notiert Datum und Uhrzeit dieses ständigen Tanzens, das sich über jede Nacht und jeden Tag und über alle sieben Tage der Woche erstreckt.

Und er steigt in das "Netz" ein, ein Geisternetz für manche Leute, aber eines der lebendigsten Netze von Buenos Aires. Wie in einer Science-Fiction-Erzählung öffnet sich dieser kleine Keller, der scheinbar verschlossen war, in Hunderte von Türen und Gänge, die sich verzweigen und alle Stadtviertel durchlaufen. Und er entdeckt ihm bis dahin unbekannte Viertel und Straßen, kommt an mysteriöse Türen, Treppen, Stille ... und landet völlig verblendet in diesem Raum voller Tango – in der Mitte der magische Ort derer, die tanzen, am Rand die Tische derer, die schauen.

Die Straße Corrientes und die anderen Strömungen, die die Milongueros vom Nachmittag in die Nacht begleiten, vom Dienstag zum Mittwoch oder zum Sonntag, von San Telmo nach Almagro, von Villa Urquiza ins Zentrum, in einem Wirbelsturm von Tangos, Milongas und Valses. Bei der eifrigen Suche nach einem Tisch mit Blick auf die Tanzfläche, bei der Einigung mit den Freunden über den besten Ort, um freitags tanzen zu gehen, oder wenn man sich einfach alleine ins Abenteuer stürzt.

An dieser Stelle haben viele bereits einige Codes und Redewendungen gelernt, wenn auch manchmal als Folge eines Fettnäpfchens. Die Neuen tauschen Tipps und Tricks aus. Ein zweites Hemd zum Umziehen für den Mann, Ersatzstrümpfe für die Frau, Kaugummis, Pfefferminzpastillen, aber auch wo man Schuhe kauft oder um welche Uhrzeit man in die Milonga kommt. “Wie funktioniert das mit dem *Cabecear*[12]?” fragt einer naiv. “Ich weiß nicht, wen ich ansehen soll,” hört man schüchtern an einem Damentisch.

Nach und nach lernen sie auch die sich verändernde Geografie der Milongarunde kennen. Die sanften Böden, die einen sinnlich begleiten, während man über sie dahingleitet. Die zu rauen und harten Böden, für die man den rettenden Talk braucht. Die Böden, die so glatt sind, dass man sich auf ihnen ein Bein brechen, oder noch schlimmer, einen Absatz abbrechen kann. “Spritz ein bisschen Wasser auf den Boden und mach deine Sohlen nass,” flüstert eine Tänzerin mit vier Monaten Milonga-Erfahrung ihrer Anfänger-Freundin zu.

Eine Reise von Milonga zu Milonga, einsame Seefahrer, die an beunruhigende oder sichere Häfen anlegen, während sie die Kanäle dieser verborgenen Stadt durchfahren - so verschlafen, wach und schlaflos zugleich.

Ein Strom, der sie mit seiner beeindruckenden Gewalt in seine Drehung mitreißt und der durch alle Tanzflächen von Buenos Aires fließt. Die Milonga ist nichts anderes als ein großer Club mit mehreren Standorten, wo sich die gewohnten Gesichter mit den neuen von heute vermischen, und das beruhigende Gefühl des Wohlbekannten mit der Erwartung des Unerhörten.

Und was für andere Leute wohl am wenigsten begreifbar ist: Jeder beginnt zu verstehen, dass nichts mehr so sein wird wie früher, wenn sich einem die Wege der Milonga einmal geöffnet haben, dass sich der von ihr eingenommene Raum im Körper und in der Seele nicht mehr schließen wird, auch wenn man (in einem unverständlichen Anfall von Verrücktheit) beschließen sollte, nie mehr zu tanzen.

„... zwischen den beiden lagen Welten“[13]

Ob Argentinier oder Uruguayer, Bewohner der *Provincia* oder *Porteños*, Europäer oder Nordamerikaner – für alle ist die Milonga ein Ort des Sehens und Gesehenwerdens.

„Hier werden alle Unterschiede ausradiert; die des Alters, der Gesellschaftsschichten, der Körperproportionen,“ hört man die Neulinge erstaunt und die „alten Hasen“ stolz sagen. Es ist zwar richtig, dass nicht diskriminiert wird, aber die Hauptattraktion der Milonga liegt genau darin: in den Unterschieden. Der Tanz löscht sie nicht aus, im Gegenteil, er nimmt sie auf, hebt sie hervor, kultiviert sie, feiert sie, bringt sie bis an ihre Grenze. Zweifellos beginnend mit dem Unterschied Mann – Frau.

Blond, ein Meter achtzig, langer Rock, mühsames Anfänger-Spanisch, stirbt dafür, mit jenem kleinen dunkelhäutigen Herrn zu tanzen, der sie mit seinen weisen Milongakünsten über die Tanzfläche schweben lassen wird und sie vielleicht auch mit dem den Porteños eigenen Charme verführt.

Ein älterer Herr mit sorgfältig gefärbten Haaren und dem Flair eines *Compadrito*[14] vergangener Zeiten richtet seinen Blick auf drei hübsche und elegante Damen Typ *Barrio Norte*[15], die ihn alle einstimmig anvisieren.

Sie, Netzstrümpfe, hohe Hacken, geschminkt wie für einen Bühnenauftritt, seufzt verträumt in den Armen eines Jungen mit Pferdeschwanz und Ohrring, gekleidet in Jeans und schlapprigem T-Shirt über der Hose.

Ein junger Tänzer, als Anfänger noch risikofreudig, riskiert seine einzige Chance mit der erfahrenen Milonguera, denn er weiß, wenn er die Probe besteht, ist er in der Achtung der anderen Männer um eine Stufe höher gestiegen. Und vielleicht auch in der der 20-jährigen Mädels, die die Erfahrung und das Sicherheitsgefühl eines älteren Milonguero suchen.

Jener Dicke, bei dem das Zentrum der Schwerkraft gut im Boden verankert ist, und mit dieser ruhigen Art, die Frau um den Äquator seines Bauches zu führen, ist der Lieblingstänzer einiger spindeldünner Damen. So hat jeder seinen eigenen Reiz.

Deshalb ist das Wichtigste, eine persönliche Note zu haben. Das einzig Unverzeihliche in der Milonga, außer natürlich, nicht tanzen zu können, ist, neutral zu sein. Ohne etwas, das dich eindeutig charakterisiert, bist du unsichtbar; die Frauen tanzen nicht mit dir, die Männer fordern dich nicht auf. Du bekommst keinen Tisch und die Bedienung lässt dich links liegen.

Die Touristen haben das sofort verstanden; deshalb verkleiden sie sich für den Milonga-Besuch: Man sieht Franzosen mit Anzugwesten, Deutsche mit Hosenträgern, Italiener mit Halstuch.

Die Hiesigen setzen sich etwas subtiler ins rechte Licht, sie meiden jedwege Lächerlichkeit. Sie verwenden einige Details bei der Kleidung, aber vor allem kultivieren sie den Tanzstil und das *Cabecear*, und die Damen den Rhythmus beim Gehen und die Art, sich zu setzen.

Alle akzentuieren ihre Unterschiede, und wenn sie keine haben, erfinden sie welche. Jeder und jede entwickelt seine eigene Rolle in dieser Vorstellung mit Fortsetzung: der Milonga.

Der sehnlichste Wunsch jedes Milonguero und jeder Milonguera ist es, unverwechselbar zu sein; dass man dich schon von weitem erkennt, aber auch von ganz nahe.

Dort weiß jeder, wer wer ist. Bety, Lily, Susy, Tana, die Mädchen von Buenos Aires. Auch Cachos, Chiches, Betos und Quiques. Und andere Geheimcode-Namen, die die Mädchen murmeln, wenn sie von bestimmten Männern sprechen.

Die Milonga ist eine Galerie von klar identifizierbaren Figuren, die sich vor dem Hintergrund der Neutralen hervorheben - derjenigen, die das Spiel der Unterschiede noch nicht spielen können oder es noch nicht wagen. Tango zu tanzen heißt, sich im Leben nicht mit der Zuschauerrolle zu begnügen und die Heraus- forderung des Hauptdarstellers anzunehmen.

Tango – Droge und Leidenschaft

Sie ist auf einen Geburtstag eingeladen. Nach kurzer Zeit langweilt sie sich, wird kribbelig, will zur Milonga fliehen, die sie ruft und vermisst. In ihrem Innersten sieht sie die Gesichter und die Lichter, hört sie die Musik. Schließlich erfindet sie eine Ausrede, „ich bin müde“, „morgen muss ich früh raus“, und nimmt ein Taxi, eine Ambulanz, die sie mit Blaulicht in die Milonga transportiert.

Sie atmet erleichtert auf, als sie von draußen die Musik hört. Sie ist noch dort, hat sich noch nicht in Luft aufgelöst. Es handelte sich nicht um eine Fata Morgana, die Oase gibt es wirklich. Und das leichte Vibrieren des Bodens und die Brise bei den Drehungen. Eine vertraute Landschaft, ein sicherer Hafen, der Saal des Bereitschaftsdienstes für die Tango-, Lebens-, Begegnungs-, Traumsüchtigen.

Er war im Kino, vielleicht beim Essen. Er sitzt in seinem Auto auf dem Weg nach Hause. „Und wenn ich kurz in der Milonga vorbeischaue und ein paar *Tandas*[16] tanze?“ Es ist spät, er stellt sich an die Bar. Er entdeckt ein ihm vom Tanzboden bekanntes Gesicht; er meint, er habe sie schon am Dienstag in der Nähe des Parque Centenario tanzen sehen, oder war es am Donnerstag in San Telmo? Jetzt, da sie tanzen, erinnert er sich: Es war am Dienstag **und** am Donnerstag. Und heute ist erst Freitag. Noch so eine Süchtige wie er. Er fragt sie mit einem komplizenhaften Lächeln: „Bei welcher Dosis bist du gerade?“

Eine Geschichte, die sich ständig wiederholt und die sich die neuen und alten Milongueros gegenseitig beichten; wie der Abhängige leiden sie an Entzugserscheinungen.

Anfangs ist es die akute Krise. Die Verrücktheit nach dem Tanzen, das Desinteresse an fast allem anderen, jeden Tag Unterricht.
Diese Leute zeichnen sich durch das Nomadentum und einen Mangel an Selektivität aus: Sie besuchen verschiedene Lokale, tanzen alles und mit jedem.

Taschen, Rucksäcke, der Kofferraum – alles voll mit Schuhen, Parfums, Pfefferminzbonbons, Tangozeitschriften mit Uhrzeiten und Adressen; in einem Wort, ein komplettes Überlebens-Kit für den

Milonguero. Ein indiskretes Auge in einem Aufzug würde sie dabei ertappen, Schritte zu üben.

Manchmal stabilisiert sich das Krankheitsbild, wenn sie entdecken dass die Milonga mit anderen Lebensformen vereinbar ist: mit Partnern, Freunden, die nicht tanzen, Sport, Kino- oder Restaurantbesuchen.

Aber es gibt auch die chronisch Süchtigen. Jene, die jahrelang am selben Tisch derselben Säle sitzen und die Milonga zu ihrem Lebensinhalt gemacht haben. Sie sind sesshafter und selektiver, was die Orchester und die Tanzpartner anbelangt, sie tanzen nicht alle Tandas.

Mit der Zeit durchläuft man verschiedene Stadien. Aber ganz plötzlich verfällt man wieder in die akute Krise, sei es aufgrund von Momenten der Einsamkeit oder Traurigkeit, Arbeitslosigkeit oder einer vorübergehenden Begeisterungswelle; und der ganze Kreislauf beginnt von vorne.

Neue und alte Milongueros. Sucht oder Ver-narrtheit? Droge oder Leidenschaft?

Laster, Droge, aber auch Heilmittel. Während andere auf Geburtstage oder Hochzeiten warten müssen, sind sie die Privilegierten, die mehrere Tage pro Woche feiern können.

Wenn Tanzen das Vergnügen des Körpers und des Geistes ist, die von der Musik durchdrungen werden, so kommt beim umarmten Tanzen noch die Sinnlichkeit hinzu. Aber der Tangotanz ist obendrein Geschicklichkeit, Spiel und Impro-visationskunst zu zweit. Und für gewisse Gelegenheiten besonders herausgeputzt in die Milonga zu gehen, ist schon purer Zauber und hohe Festlichkeit.

„Wie zwei Fremde“[17]

Wenn erst gar keine Begegnung zustande kam, dann macht es auch keinen Sinn, von Abschied zu sprechen. Begegnungen und Abschiede, die von der unerbittlichen Sequenz der Tandas geprägt sind. Tango, Milonga, Tango, Vals, Tango.

Hin und wieder der Ausbruch eines tropischen Rhythmus, vielleicht eines Rock'n Roll oder gar einer *Chacarera*[18]. Und zurück zum Tango. Begegnung, Abschied, Begegnung ..., Erwartungen, Todesängste, neue Erwartungen.

Natürlich gibt es auch hier Freundeskreise, vergangene und mögliche Liebesbeziehungen, Freundschaftsdienste und Komplizentum. Aber trotz allem herrscht in der Milonga das Gesetz der Tanda.

Die Umarmung, das scheinbar sinnlose Vorspiel eines neuen Abschieds. Die beruhigende Umar-mung eines bekannten Körpers, die beunruhigende Umarmung eines anderen Körpers, den es noch zu erforschen gilt. Atem, Körper-wärme, Formen, die sich zu einem Ganzen zusammenfügen. Distanz und Nähe, Begegnungen und Verfehlungen. Manchmal eine magische Verbindung, ein andermal ein unangenehmes Ringen.

Die *Cortina*[19] prägt das Ende jeder Tanda. Eine einzigartige Melodie, die charakteristisch für eine bestimmte Milonga ist. Die Tanzfläche leert sich, um den Blicken freie Bahn zu lassen; die Tänzer kehren erregt, enttäuscht oder nostalgisch an ihren Tisch zurück, ohne zurück zu blicken.

Schnell ein Schluck, vielleicht eine Zigarette, ein kurzer Kommentar an die Tischnachbarn, und wieder die lauernden Blicke. Diskret begierig, scheinbar zerstreut, subtil beharrlich. Ob geradeheraus, verstohlen aus dem Augenwinkel oder rundherum – jede und jeder erforscht die Umgebung auf der Suche nach dem nächsten Tanzpartner.

Männer und Frauen, die Blicke weichen sich aus oder kreuzen sich oder beides gleichzeitig. Manchmal schüchtern, dann wieder offen oder gar herausfordernd.

Die Tanzfläche ist leer, die ersten Akkorde erklingen. Schließlich hält sein Blick inne. Er hat sein Ziel gefunden: Sein Blick zielt, verweilt, streichelt, durchdringt.

„Endlich hat er mich gesehen ... nein ... er schaut weg“, „fordert er mich auf oder die neben mir - oder die hinter mir?“... sie widersteht der Versuchung, sich umzudrehen.

Er und sie stehen auf, er geht auf sie zu. Sie zupft sich den Rock oder die Frisur zurecht, während sie am Rande der Tanzfläche wartet.

Sie begegnen sich, als ob sie sich nie zuvor gesehen hätten; sie trennen sich, als ob sie sich nie wiedersehen würden.

Wie zwei Fremde wiederholen sie das Ritual jedesmal von neuem, fast grußlos, auch wenn sie schon oft miteinander getanzt haben.

Manchmal versprechen sie sich weitere Tangos. Er schlägt ein Treffen vor: „wenn sie Pugliese[20] spielen“, „vielleicht später ein Kaffee“, „wo tanzt du freitags?“. Und sie gehen wieder auseinander. Mit den letzten Klängen der Tanda verlassen sie die Tanzfläche, tauschen nur ein höfliches „Danke“ aus und entfernen sich, ohne sich umzudrehen, wie zwei Fremde.

Und so geht es bis zum Ende. Ende der Welt oder einfach nur Ende der Nacht, bis zum letzten Abschied, welcher der Qual so vieler kleiner Abschiede ein Ende bereitet. In jeder Milonga hier und auch sonstwo auf der Welt schließt die Nacht mit den unverwechselbaren Takten von „La Cumparsita“[21].

Und darauf folgen andere Milongas an anderen Tagen. Es kommen neue Touristen aus der nördlichen Hemisphäre, und die hiesigen Freunde gehen auf Tournee. Und die Milonga bewegt sich nicht vom Fleck und empfängt und begleitet jede Begegnung und jeden Abschied.

„... wie der Kaffee, die Liebe, das Vergessen ...“[22]

Kaffee und Zigaretten, Unterhaltung und Kaffee, Einladung zum Austausch von Vertraulichkeiten, zum geheimen Dialog. Wer in der Milonga vorschlägt, auf einen Kaffee zu gehen, deutet auf den Wunsch nach mehr Intimität hin, vom Körper zum Wort und vielleicht zurück zum Körper.

Die Umarmung wurde enger, die Atmung folgt demselben Rhythmus, ihr zittern etwas die Knie, er hat feuchte Hände. „Sollen wir nachher einen Kaffee trinken gehen?“ Kurz vorher hat vielleicht einer von beiden gesagt: „Wohnst du weit weg? ... Musst du früh aufstehen? ... Wann hast du vor zu gehen?“. Vielleicht will sie nicht, aber das wäre eine andere Geschichte. In diesem Fall antwortet sie: „O.k.“ Womöglich hat er es schon öfter vorgeschlagen, und heute ist sein Tag.

Sie vereinbaren das heikle Manöver ihres Rückzugs. Er geht zuerst und sie danach; sie weicht den Freundinnen aus, die sie dazu anhalten, noch ein Weilchen länger zu bleiben. Sie treffen sich an der Ecke, in seinem Auto oder in einem Lokal ein paar Häuserblocks weiter.

Eine Unterhaltung zu zweit, Tisch dazwischen, man sitzt sich gegenüber. Die Zeit und der Raum, die man nach der körperlichen Nähe des Tangos braucht. Manchmal Enttäuschung, der Zauber zerplatzt, der Prinz verwandelt sich in einen Frosch und die Prinzessin in ein Aschenputtel. Es gibt Umarmungen, die weder der Probe des Dialogs noch der Abwesenheit der Musik standhalten. Aber es ist zu spät, der Schritt ist getan. Für sie ist es einfacher; der Frau verzeiht man die Hysterie, auch wenn er sich insgeheim schwört, sie nie wieder aufzufordern. Und sich daran hält. Für den Mann ist es schwieriger. Obwohl man immer wieder von einigen Mutigen hört, die es wagten, mit Würde zurückzutreten.

Vielleicht ist das gemeinsame Kaffeetrinken, ebenso wie das Tanzen, ein Spiel, das die sexuelle Begegnung darstellt und manchmal ersetzt, fast immer aber ist es ein erster Schritt in diese Richtung. Wenn der Zauber die erste Begegnung übersteht, entstehen Paare, die sich insgeheim verabreden, um in anderen Milongas zu tanzen, weitab vom üblichen Kreis. Sie sehen niemanden und – wie der Vogelstrauß – glauben sie, dass sie niemand sieht.

Gemäß eines strikten Codes tanzt sie mit allen Kandidaten, während sie ihr „Freund“ nicht aus den Augen lässt. Er tanzt nur mit den „guten Freundinnen“. Wenn einer von beiden sich nicht an die Spielregeln hält, dann gibt es Zoff. Vorwürfe und Eifersüchteleien sind ein Klassiker unter diesen Verliebten, die sich durch den höchsten Index der Trennungen und Versöhnungen auf dem ganzen Planeten auszeichnen.

Manchmal sehen sie sich nicht mehr an oder tanzen nicht mehr miteinander. Manchmal aber bleiben sie Komplizen, umarmen sich weiterhin auf der Tanzfläche und tauschen sogar Ver-traulichkeiten über neue Liebschaften aus.

Im schlimmsten Fall endet die Romanze mit dem Verbot, dieselben Lokale zu betreten. Als ob es sich um eheliche Güter handelte, teilen sie sich die Milongas und die Tische der Freunde auf.

Es gibt große Liebesgeschichten und welche, die nicht über kleinere Episoden hinausgehen. Aber glauben Sie nicht alles, was man Ihnen erzählt! Was den Kaffee betrifft, so kursieren viele Übertreibungen und sogar wahrhaftige Legenden. Wie ein Milonguero sagte: „Was die Männer erzählen, dividiere durch 5 ..., und was die Frauen erzählen, multipliziere mit 3.“

Poeten des Pflasters und des Parketts

Nach vielen Stunden hinter dem Steuer, am Schreibtisch oder hinter dem Ladentisch – in gebückter Haltung, mit gebundenen Händen, gezähmt und gebändigt – kommt er in die Milonga, um Dampf abzulassen, sich darzustellen, sich auszudrücken. Es ist seine Chance, einzigartig zu sein und die Regeln des Herdendaseins zu brechen.

Nachdem sie den ganzen Tag hinter den Kindern, den Männern, dem Einkaufswagen, der Kohle und der so laut gepredigten Emanzipation hergelaufen ist, findet sie im Tanz Zeit zum Träumen und zur Hingabe; und die Gelegenheit, sich in seine Hände zu begeben, um einmal nicht ihre eigenen Entscheidungen treffen zu müssen. Gewiegt, geschützt und geführt verzichtet sie ungestraft auf das Mandat, unabhängig zu sein.

Aber gleichzeitig erlangt sie neue Rechte: sich alleine an einen Tisch zu setzen, den Mann, mit dem sie tanzen will, ohne Umschweife anzusehen, einen Unbekannten zu umarmen, und noch einen, und noch einen ...

Dort in der Milonga werden beide ihren Roman schreiben, der das Ausmaß ihres täglichen Gefängnisses und ihre unermessliche Sehnsucht nach Freiheit ausdrückt.

Einige Stunden oder Minuten lang kann er Künstler sein: Er kann ein unsichtbares *Fileteado*[23] auf dem Parkett zeichnen, die Körper wie Musikinstrumente vibrieren lassen, oder diese schmeichelnden Worte loswerden, deren Perfek-tion ihn Jahre gekostet hat, bis sie schließlich synthetisch genug waren, um genau in die kurzen Sekunden zwischen Tango und Tango zu passen. Obwohl man immer wieder einen Hemmungslosen findet, der sein Sonett (oder sinnloses Geschwätz) die ganze Tanda lang von sich gibt.

Aber der wichtigste Text, die vergängliche Kunst, auf die Tafel der Tanzfläche geschrieben, ist der Tanz selbst.

„Die Schritte des Tangos sind wie die Buch-staben des Alphabets, mit denen jeder Tänzer sein eigenes Gedicht schreibt,“ beten die

Tangolehrer den Schülern immer wieder vor, die Sequenzen auswendig lernen, Schritte nachtanzen oder einen Stil imitieren wollen.

Es gibt sparsame Tänzer mit kurzen, knappen und nüchternen Texten. Nur das Gefühl, die Qualität der Umarmung und die Art, wie sie den Rhythmus interpretieren, retten sie vor der Monotonie. Manche zeichnen sich durch ihre geschickte Ausdrucksweise aus. Andere sind so blumig, dass es schon ekelhaft ist. Ganz zu schweigen über die Unerfahrenen, die einen Monolog aus dem Kopf tanzen, nicht führen können und, wenn die Dame ihnen nicht folgen kann, besserwisserisch fragen: „Diesen Schritt kennst du wohl nicht, was?“

Die Poesie der Frauen verdient ein separates Kapitel. Angeblich lassen sie sich führen. Wenn auch einige Widerstand leisten – man weiß nicht genau, ob aus Zurückhaltung oder aufgrund eines Anfalls von unangebrachtem Feminismus. Andere gehen mit solcher Passivität in das Schlepptau, dass es mehr nach Resignation als nach Hingabe aussieht.

Wieder andere jedoch kennzeichnen den Tanz mit ihrer eigenen Energie, ohne den Dialog zu verlieren; hin und wieder wagen sie eine neue Verzierung, während sie subtil mit den Distanzen und Gesten spielen. Sie widmen dem komplizen-haften Boden die Liebkosungen, die sie sich dem Mann nicht zu schenken trauen. Er ist gefragt, die Botschaft zu entziffern.

Und dieses Wunder der Kreativität wiederholt und vervielfacht sich in jedem Tanzpaar, mit jedem Tango, in einer Literatur von unerhörten und unwiederholbaren Texten.

Der Porteño ist ein Improvisationsexperte - wie das Geld bis zum Monatsende reicht, wie man eine Straße ohne Ampel überquert, wie man die tausend täglichen Probleme angeht, bei denen das einzig Sichere die Unsicherheit ist. „Ich stürze mich hinein, es wird mir schon was einfallen,“ scheint sein Leitsatz im Leben ebenso wie beim Tango zu sein.

So haben die alte Kunst des *Payador*[24], die erneuerte Kunst des Milonguero und die Kunst, jeden Tag in Argentinien zu leben, etwas gemeinsam: das vollkommene Improvisations-talent.

Lokale und ihre Besucher

Von der Koketterie der kleinen Französinnen umwoben, die kamen, um Vergnügen zu bereiten; von den Spaniern verteidigt, die in ihren Bars und Cafés Bohemiens und Nachtschwärmer empfingen; von den Italienern mit leidenschaftlicher Musik bereichert; von den Türken verziert, die Seide und Perkal[25] für die Milongueras beisteuerten - so entstand der Tango. Von den nomadenhaften Juden, Komponisten feiner Melancholie, verwöhnt; transportiert von den Armeniern, den hervorragenden Schustern, die die Füße der Tänzer beschuhten ... die Liste ist unvollständig und wird zweifellos nicht allen gerecht.

Europäischer Rohstoff, den die Alchimie der überkreuzten Liebschaften und ihrer Erben in Tango verwandelte; wir geben euch das Feinste vom Besten zurück, was ihr uns gegeben habt. Gerechte Wiedergutmachung, süße Rache: Nun sind wir an der Reihe, euch mit purer Verführungskunst zu erobern.

Für ein produktives, effizientes und keimfreies Europa, das damit beschäftigt ist, die Verseuchung und Ansteckung zu vermeiden, schaffen wir Argentinier Hochburgen der Leidenschaft, des Spiels, der Menschlichkeit. Denn was sonst könnte absurder intim sein als Mate und Tango?

Aber natürlich frisch geduscht, parfümiert, herausgeputzt und mit frischem Atem, was man nicht von allen Ausländern sagen kann, die vielleicht weniger Gelegenheiten haben, mit-einander Kontakt aufzunehmen.

Außerdem haben Mate und Tango gemeinsam, dass sie ein überflüssiger Luxus sind und ihr einziges Ziel die Zusammenkunft ist. Stunden, die man damit verbringt, an einer Bombilla[26] zu saugen, die nicht den Körper, sondern die Seele nährt; Stunden, die man damit verplempert, tanzen zu lernen, nur um des Tanzvergnügens willen. Dinge, die keinen Preis haben und ohne die das Leben hart wäre.

Auf der Tanzfläche treffen die Europäerinnen mit mächtigen, sicheren und schützenden Männern zusammen, so wie man sie aus früheren Legenden kennt.

Die Europäer bekommen eine Gelegenheit, Mädchen zu umarmen, die sie vibrieren lassen, gefügige und nachsichtige Frauen wie in alten Zeiten, von denen niemand wirklich weiß, ob sie je existierten.

Und der Argentinier spürt eine Blondine, die in seinen Armen dahinschmilzt, stumm vor Auf-regung oder vielleicht aus Mangel an Vokabular, aber zu allem bereit, um ihre Viertelstunde der Verrücktheit und der Exotik zu erleben.

Und die Porteña lächelt schelmisch und gerührt zugleich, als sie die Wirkung spürt, die ihre Art sich anzuschmiegen auf den Gringo hat – nur ein ganz kleines bisschen mehr als was er erwartete.

Die Mädchen beschweren sich, dass sie von Juli bis Dezember vernachlässigt werden, wenn die Milongueros ihr Glück mit den Touristinnen versuchen. Vielleicht ergibt sich ein Abenteuer mit einer Einladung nach Europa oder der Vorschlag, im Ausland Unterricht zu geben ...

Wenn sie dagegen mit einem Eindringling tanzt, so wird das wie im Krieg als Verrat angesehen. Sie hat sich an den Feind verkauft, und die hiesigen Tänzer werden es ihr eine Weile lang übel nehmen, indem sie sie ignorieren. Aber sie weiß auch, dass sie weniger riskiert, denn ein Fauxpax hätte in diesem Fall keine schwerwiegenden Konse-quenzen. Sie trifft ihn ja nicht dauernd wieder.

Manchmal ergeben sich Freundschaften, an-haltende Liebesbeziehungen, Empfehlungen an Freunde, die anrufen, wenn sie kommen, oder schreiben, um ihre Daten zu aktualisieren. Nächstes Jahr kommen die Schwalben aus dem Norden zurück.

Manche beginnen, ein- bis zweimal im Jahr zu reisen; sie kratzen monatelang das Geld zusammen und kommen in Hotels für Tänzer unter, unter der Leitung eines Franzosen, der sich in Buenos Aires oder in eine Argentinierin verliebt und hier den Anker ausgeworfen hat. Die männliche Version der *Madame Ivonne*[27], wie jener fahrende Hollän-der, der zwischen San Telmo und San Cristóbal strandete. In diesen Milonguero-Herbergen fühlen sich die Europäer wie zu Hause, man spricht dieselbe Sprache, und vor allem lebt man dasselbe Abenteuer.

Aber die wirklichen Ausländer sind die Argentinier, die nicht tanzen und sich unter der Welt der Milonga nichts vorstellen können. Touristen von nebenan, Porteños, die nur einige Häuserblocks vom Obelisk entfernt wohnen; wenn jemand sie fragte, würden sie ohne jeden Zweifel schwören, dass es bereits seit vielen Jahren keine Tanzveranstaltungen mehr gebe und dass man Tango nur in den Shows für den Export sehen könne.

„Damit die Jungs tanzen“[28]

Die Disk Jockeys, die entweder auf einem Podium sitzen, von wo sie die Szene überblicken, oder versteckt in ihrer Höhle, sind die geheime Seele der Milonga. Anonym oder in der Hauptrolle, sorgen sie für Überraschung, Rührung, Begeisterung, Besänftigung.

Eine bereits klassische Stimme kündigt die Themen an, schafft Spannung, qualifiziert die Orchester und gratuliert den Paaren. Der gebildete DJ ist sichtlich bemüht, exotische Versionen aufzulegen, und vergisst dabei, dass die Tänzer sich danach sehnen, tausendmal den Tango zu hören, den sie bereits kennen.

Andere fühlen sich zu den tropischen Rhythmen hingezogen und vergessen dabei die Mathematik. Wenn jeder Tango drei Minuten dauert und eine Salsa fünf, wie viele Stücke sollte dann eine Tanda mit tropischer Musik haben?

Manche solidarisieren sich mit den Bedingungen der Milonga und kürzen die Milonga-Tanda auf drei Themen, um über den Mangel an Air Condition hinwegzutäuschen.

Die Tanzbegeisterten praktizieren die „Tanda Interruptus“. Sie kommen auf die Tanzfläche, um zu tanzen, und rennen zurück, um die Musik zu wechseln, während sich die Dame die Lust auf den letzten Tango verkneift. Die Mädchen verzeihen ihnen, weil sie schön tanzen.

Vals, Tango, Milonga, Tango ... drei Rhythmen, aber vor allem drei verschiedene Abenteuer.

Himmlisch der Vals, aus Europa kommend erhebt er sich zum Geiste hin. Romantische Texte, die die Frau idealisieren, singen von Bewunderung, von keuscher Liebe, von 15-jährigen Freundinnen. Die Drehungen sind wie Wirbel, die aufsteigen und sich ausbreiten, sie sind zentrifugal. Einen Vals zu teilen ist ein göttliches Vergnügen.

Irdisch die Milonga, von ihren schwarzen Wurzeln zum Erdboden hingezogen, ist sie provokativ und spielerisch, ohne Tanz- oder

Musikpausen. Eine Milonga zusammen zu tanzen gleicht dem Komplizentum beim einem Streich.

Und zwischen Himmel und Erde ... der Tango, sinnlich und erhaben. Man fühlt ihn in der Seele, im Herzen und im Bauch. Einen Tango zu tanzen ist wie die Hingabe zweier Liebender. Man hört manchmal von Tandas, die für einen ganzen verregneten Nachmittag ausreichen, oder von anderen, die einem Wochenende an der Küste gleich kommen.

Man wählt sorgfältig aus, mit wem man was tanzt, denn je nach Genre hat man seine Vorlieben und Spezialitäten. Hin und wieder opfert man jedoch eine Tanda aus anderen Gründen, obwohl dies bedeuten kann, dass man sich eine Weile auf die Füße steigen oder herumzerren lässt.

Jede Tänzerin hat einen „Stipendiaten“, den sie mit Würde erträgt, während er lernt, nur weil er sympathisch, gutaussehend, ein Freund aus der Kindheit oder eine gute Investition für die Zukunft ist. Andere tanzen aus Dankbarkeit mit denen, die sie erduldeten, als sie selbst anfingen zu tanzen. Die Milongueros haben ebenfalls ihre Schützlinge.

Aber der Mann nutzt auch das männliche Privileg, über die Musik zu sprechen. Manche erkennen alle Orchester und tanzen nur zu ihren Lieblingsorchestern. Andere sprechen lehrermäßig von den D'Arienzo[29]-Jahrzehnten, als ob es sich um Weinjahrgänge handelte. Wieder andere behandeln die Orchester wie Fußballmannschaften und bezeichnen sich als Fans von Di Sarli[30] oder Troilo[31].

Im tanzbaren Tango dominieren außerdem Biagi[32], Caló[33], Laurenz[34], Tanturi[35], De Angelis[36] und der so geliebte und gefürchtete Pugliese. Seine berühmte Yumba[37] bringt Glanz in die Frauenaugen und Eroberungsfunkeln in den Männerblick. Es ist die Stunde der Wahrheit. Gefährlich für den Mann, denn es handelt sich um eine Geschick-lichkeitsprobe; gefährlich auch für die Frau, die sich zu sehr hingeben könnte.

Sie reserviert sich Pugliese für den Auser-wählten, aber wenn er nach zwei Minuten nicht auftaucht, hängt sie sich an den Erstbesten, den sie findet. Die einzige Alternative ist, sich unter den Tisch zu werfen. Alles ist besser als bei Pugliese sitzen zu bleiben. Deshalb ist es am sichersten, ihn bereits vorher versprochen zu haben. Die Männer tanzen ihn auch, weil er ihnen gefällt oder um die Erwartungen der Frauen nicht zu enttäuschen, was hieße, dass sie sich als inkompetent erklären würden und somit aus dem Rennen wären.

Aber sitzen zu bleiben kann auch heißen, ich habe keine Verpflichtung; eine verschlüsselte Nachricht, die bedeutet: Ich bin frei und verfügbar.

„So tanzt man Tango“[38]

Eine Begegnung, die mit dem Blick beginnt, in die Umarmung übergeht und sich im Tanz entfaltet. Der Kontrapunkt von Erfahrung und Kreativität, Gleichgewicht und Sensibilität, komplizenhafter Kommunikation und ausweich-ender Verführung.

Schon ab dem Zeitpunkt der Umarmung wird die Qualität der Hingabe wortlos paktiert. Die Nähe, die Neigung der Körper zueinander, die Art, wie sich die Köpfe berühren, die Intensität des Druk-kes seines Armes auf ihrer Taille, das Gewicht ihres Armes um seinen Hals - umgreifend, zärtlich, oder mit der Hand auf der Schulter, sie kaum berührend.

In der *Salida*[39] definiert er bereits die Länge der Schritte und die ihm eigene Energie. Sie geht auf die Wette ein und antwortet mit ihrer gezähmten Energie.

Sie tanzen zusammen und teilen volle und leere Räume. Jeder lauscht dem Körper des anderen, erahnt seine Füße, registriert seine Emotionen, manchmal seine Unruhe, ein andermal seine Überraschung. Beide übermitteln ihre Erlebnisse. Ein geheimer Dialog aus Fragen und Antworten. Manchmal ein Bitten, ein Feilschen, ein Fordern. Dann wieder Reserviertheit, Zurückhaltung, Misstrauen.

Einige Frauen eilen voraus und antworten bereits, bevor er die Frage vollständig formuliert hat, oder lassen die Frage ohne Antwort im Raum stehen. Manche Männer drücken sich schwierig oder unentschlossen aus. Sie muss seine Andeutungen übersetzen, und sie erkennt sie mit einer Verzögerung eines Bruchteils einer Sekunde. Zuviel angestrengte Aufmerksamkeit macht sie schneller müde, und sie kann es weniger genießen.

Sie sehen sich weder an noch sprechen sie. Wenn sie Worte brauchen, so ist das ein Zeichen, dass die Körpersprache nicht funktioniert. Sie ergreift nicht die Initiative, sie fügt nur je nach Laune die eine oder andere Verzierung hinzu, welche die Kontinuität der Bewegung nicht stört. Sie erahnt die Intention und verzögert ihre Reaktion ganz minimal, um sich Aufmerksamkeit und Spannung zu verschaffen und darauf hinzuweisen, dass sie präsent ist und er nicht alleine tanzt.

Beim Tango, wie im wirklichen Leben, kann die Frau die Zeit des Mannes nur insofern kontrol-lieren, als dass sie ihn bremst; sie kann ihn nie antreiben. Und darin besteht ihre Kunst. Der Mann bewegt sich vorwärts und die Frau leistet Widerstand, wenn auch ohne große Überzeugung.

Als ein wahrer Milonguero braucht er nicht einmal zu markieren. Er nimmt sie fest in seine Arme und drückt sie an seine Brust. Er nimmt sie einfach mit (wie ein Kleidungsstück), „schlafend“, und führt sie mit seinem Blasebalg im Takt seiner eigenen Atmung.

Sie scheinen eins zu sein, Körper und Seele. Aber man sagt, zum Tango braucht es zwei. Zwei reichen jedoch auch nicht aus. Bei diesem feierlichen Akt tanzen Mann und Frau in Begleitung.

Sie tanzen mit der Musik, die langsam oder aufgewühlt sein kann. Mit jedem Orchester und seinem einzigartigen Stil, dem Rhythmus oder der Melodie, dem Bandoneon oder der Geige folgend. Mit dem Sänger, der Bruchstücke von Träumen oder Alpträumen zuflüstert. Jeder tanzt auch mit sich selbst, seinem Gefühl, seinem Körper und seinem Gehör, welche die Musik in Bewegung umsetzen.

Sie tanzen mit den anderen Paaren im Kreis und bilden einen großen Chor, der seine eigene Energie vervielfacht. Sie tanzen mit dem Boden, der ihnen die Vibrationen der anderen Tänzer übermittelt, und sie geben ihm Streicheleinheiten für seine Unterstützung zurück. Sie tanzen auch mit den Blicken eines wirklichen oder imaginären Publikums, das sie verteidigt und bestätigt.

Ein subtiles Gleichgewicht der Beziehungen, in dem niemand vorherrschen darf. Der Egoist, der alleine tanzt, beraubt seinen Partner um die so ersehnte Vereinigung. Der Partner, der sich in sich selbst vergräbt, bleibt isoliert und bringt sich darum, das heilige Feuer der anderen zu emp-fangen sowie dem Stammestanz seine eigene Flamme beizusteuern. Wer nur darauf aus ist, sich darzustellen, begeht Verrat an seiner Intimität.

Aber wenn alle Beteiligten mit der gleichen Gesinnung zusammen gekommen sind, ist die Verbindung perfekt. Ein Geheimnis der Körper in Harmonie, Zauber des Tangos, der sie zur Ekstase führt, das Gefühl ist intensiv und vollkommen, Körper und Seele. So leben sie zusammen, so schlagen ihre Herzen zusammen, und „sie fühlen das Blut, das mit jedem Takt ins Gesicht schießt“, „sie vermischen ihren Atem“, „sie schließen die Augen, um besser zu hören“[38].

In einem absurden Widerspruch ersehnen sie, dass dieser Tango für immer anhält und dass er bald zu Ende geht, aus Angst, dass ein *Traspié*[40] den Zauber brechen könnte.

Die letzte Note verklingt; sie lassen die Umarmung einige Momente länger andauern. Wenn die Erfahrung außergewöhnlich war, wird jedes Wort überflüssig, sie sehen sich verschämt an; oder sie sehen sich nicht einmal an, aufgewühlt und erschreckt von einer derart intensiven Hingabe.

„Immer wieder das alte Spiel ...“[41]

Man kann zunicken (*cabecear*) oder an den Tisch gehen, um die Dame aufzufordern. Aber warum sollte man auf das aufregende Gefühl verzichten, unter allen Anwesenden ausgewählt worden zu sein, anstatt sich auf das ungewisse Abenteuer einzulassen, eventuell abgelehnt zu werden?

Ein leichtes Senken des Kinns, ein kaum merkliches Augenzwinkern, nur ein Funke einer Einladung, so *cabecean* die Männer. Ein angedeutetes Lächeln, eine Geste der Zustimmung, so antwortet die Frau. Ein Pokergesicht, eine Karte des Truco[42], ein persönlich übergebenes Telegramm, das nur der Empfänger liest. Ein Spiel mit einem unsichtbaren Ball, die Außenstehenden sehen ihn nicht einmal vorbeifliegen.

Wie Passagiere eines ungewöhnlichen Busses unterhalten sich alle mit dem Tischnachbarn, aber sehen nach vorne. Mitten in einem Satz steht er oder sie auf und geht auf den anderen zu; zurück lassen sie unterbrochene Unterhaltungen und halb gerauchte Zigaretten in den Aschenbechern.

Man lernt schnell, dass zweideutige Gesten gefährlich werden können. Deshalb grüßt man mit einer Handbewegung oder man wirft den Freunden Küsse zu. Nur die Neuen irren sich und fordern eine zum Tanzen auf, die nur aus Neugier gekommen ist. Die Milongueros erkennen die Tänzerin nicht nur an den Schuhen, sondern auch an der Art, wie sie ihren Blick kontrolliert.

Cortina, sie durchdringt ihn mit ihrem Blick. Plötzlich wird der Vorhang undurchsichtig: zwei Spielverderber stellen sich genau vor ihren Tisch, um sich zu unterhalten. Als sie sie endlich dazu bringt, sich zu bewegen, hat die Tanda bereits angefangen. Jetzt kommt ein Freund vorbei, um sie zu grüßen; er fragt sie etwas, was sie nicht hört, aber sie erahnt, dass die Antwort zeitaufwendig wäre. Schließlich fasst sich der Mann ein Herz, genau als die Bedienung abkassieren will. Sie kramt nervös in ihrer Handtasche herum. Zu spät: sie sieht ihn gerade noch mit einer anderen in Richtung Tanzfläche gehen.

Lächelnd, selbstsicher sucht er ihren Blick ganz offen. Als sie seinen Blick erwidert, artikuliert er die stumme Frage: „Tanzen wir ...?“ Sie erkennt die Mimik der Lippen; sie erkennt auch diesen ganz bestimmten Stil der Aufforderung, der fast immer Garantie eines guten Tänzers ist.

Nicht wie der, der sich seines Tanzes ebenso unsicher ist wie seiner Zielsicherheit, einen Schrotschuss in die Menge abfeuert und das Chaos an den Frauentischen verbreitet, die mit dem Finger auf sich zeigen und fragen: „Meinst du mich?“

Im schlimmsten Fall erheben sich zwei und eine steht dumm da. Sie kann nun zusehen, dass sie sich unauffällig wieder hinsetzt, mit gleichgültiger Miene in Richtung Toilette geht oder auf den göttlichen Retter trifft, der die ganze Szene beobachtet hat und sich vor sie hinstellt, als ob er sie aufgefordert hätte. So ein wunderbarer Quijote ist nur mit dem anderen vollkommenen Idol vergleichbar: der Freundin, die sie darauf aufmerksam macht, wenn ihr jemand zunickt.

Es gibt Männer, die Furcht einflößen, aber auch Frauen. Die Vorsichtigeren beobachten, mit wem die Frauen tanzen, um zu sehen, ob sie als Kandidaten in Frage kommen. Wenn es auch nie an dem Todesmutigen fehlt, der an einen Tisch geht und eine Frau auffordert, die er nicht kennt.

Entweder ist sie ebenso neu wie er oder sie lässt ihn ganz klar abprallen. Wenn sie gut tanzt, wird sie ihn von oben bis unten ansehen und ihm ein klares „nein“ an die Brust knallen. Wenn sie aus Verpflichtung mit ihm tanzt, so wird sie ihn während der ganzen Tanda hassen.

Ein anderer nickt ihr zu so gut er kann. Sobald sie auf der Tanzfläche ankommen, beginnt er, ihr Komplimente zu machen: „Welch ein hübsches Lächeln“, „was für eine Figur“. Welche Ent-täuschung, denkt sie, der tanzt sicher nicht, er kennt auch die Codes der Milonga nicht, er kommt nur zum Aufreißen. Die Frauen wissen, dass ein guter Tänzer zuerst durch seinen Tanz erobert und erst danach mit Worten, und das nur, wenn sie ihm gefällt **und** gut tanzt.

In diesem Fall fragt er sie, wie sie heißt, und befreit sie so während einiger glorioser Sekunden von ihrer Anonymität, obwohl es fast sicher ist, dass er sie nächstes Mal wieder fragt. Manchmal kommt das Lob wie ein Bogenschuss, indem er die Musik verantwortlich macht: „Das ist die beste Vals-Tanda“ oder „wie schön ist es, Di Sarli zu tanzen“.

Ein bekanntes Gesicht, mit dem hat sie schon einmal getanzt, aber sie erinnert sich nicht genau; sie weiß, sie müsste sich an etwas erinnern; „er sieht mich immer noch an, es scheint, dass er mich auch erkennt“. Im selben Moment, in dem er sie in seine Arme nimmt, wird es ihr klar: Es ist der, der sie an sich drückt, bis sie fast erstickt, und außerdem das Gleichgewicht verliert. Sie hatte sich vorgenommen, sich sein Gesicht zu merken, um nie mehr mit ihm zu tanzen. „Wie dumm von mir,“ denkt sie, „wenn er gut tanzen würde, hätte ich mich doch sofort erinnert.“

Er tanzte mit einer Frau mehrere Tandas am selben Abend, und am nächsten Tag würdigt er sie keines Blickes. Gerade heute kam er mit der langjährigen Freundin. Oder er hat sich gestern nacht mit ihr angefreundet, und jetzt tanzt er nur noch mit ihr.

Was kann man tun, um sich die Frauen fern-zuhalten, die die ganze Nacht alles daran legen, dass man sie sieht?

In der Kategorie der Unverzeihlichen gibt es auch die, die „filmen“ und die niemand je tanzen sah: Immer am selben Tisch sitzend scheinen sie die Jury eines Wettbewerbs zu sein. Die, die sie auffordern, als sie gerade gehen will und nachdem sie sie die ganze Nacht links liegen ließen. Bei den Frauen gibt es welche, die eine Tanda versprechen und dann mit einem anderen tanzen. Und die, die ihn bis zum Schluss im Ungewissen darüber lässt, ob sie ihn gesehen hat; die, die glaubt, dass jeder, der in die Richtung ihres Tisches schaut, nur sie auffordert. Die, die sich aufdrängt und jemanden überfällt, damit er mit ihr tanzt: Er nimmt es dieses Mal aus Höflichkeit in Kauf, fordert sie aber nie wieder auf.

Für sie ist es manchmal schwieriger, dem aus-zuweichen, mit dem sie nicht tanzen will, als den zu bekommen, der sie interessiert. Sie weiß, dass er hinter ihr sitzt, sie sah ihn hereinkommen, sie sieht ihn jedesmal, wenn er von der Tanzfläche kommt. Das Schlimme ist, dass er neben einem aufdringlichen Typen sitzt, der ihr jedesmal nachdrücklich zunickt, wenn sie sich umzudrehen versucht. Wie zufällig blickt sie nach hinten, macht ihn ausfindig und errechnet den Winkel der Drehung. Bei der nächsten Tanda dreht sie den Kopf mit einer einzigen sicheren und ent-schlossenen Bewegung herum und zielt genau ins Schwarze, in seine Augen.

Auf dass es ihm eine Lehre sei, diesem Naivling, der den Saal in den vier Himmelsrichtungen abläuft und immer wieder den Stand-punkt wech-selt, damit sie ihn sieht, anstatt zu akzeptieren, dass sie ihn gleich gesehen hätte, wenn sie mit ihm tanzen wollte, sogar wenn er hinter ihr stünde!

„Der Traum des jungen Mannes“[43]

Es ist das erste Mal, dass sie sich trauen, in diese Milonga zu kommen; sie haben gehört, dass es dort recht schnieke zugehen soll. Sie sind zu zweit, sie sitzen am Rand der Tanzfläche, der Alte trinkt Kaffee, der Dicke Mineralwasser. Sie sitzt an einem Tisch schräg gegenüber, sie grüßt einige Tänzer, sie wird ständig aufgefordert, sie tanzt gut. Manchen lächelt sie zu, sie macht allgemein einen etwas distanzierten Eindruck. Dem Dicken läuft das Wasser im Munde zusammen: Und wenn er sie auffordern würde? Womöglich funktioniert es. Nein, wie soll das gut gehen, man sieht doch gleich, dass sie eine Profitänzerin ist. Ihr Blick streift ihn, der Dicke fängt an zu zittern. Hat sie mich angesehen oder hat sie mich unter den Tisch gekehrt? Er wird nervös, er lässt seinen Blick nicht mehr von ihr ab, um zu sehen, ob sie ihn nochmals ansieht. Eine Vals-Tanda, sie tanzt mit einem anderen. Na ja, wer weiß, vielleicht nächstes Mal.

Der Alte merkt es. „Wohin schaust du, Dicker, zu der dünnen Hochnäsigen da?“ Er stachelt ihn an, sie aufzufordern, aber der andere traut sich nicht, aus Angst aufzulaufen. Der ältere Herr fasst sich ein Herz, was hat er schon zu verlieren ... „Ich glaube nicht mehr an die Blamage,“ sagt er. Er sieht sie an, sie hat ihn gesehen, lächelt ihm zu, sie steht auf ältere Männer, die tanzen gut, behandeln sie taktvoll und überlassen ihr das Rampenlicht. Der Mann hat ein eigenartiges Gefühl, er ist etwas überrascht, so eine Frau in seinen Armen zu halten.

Aber so wie er sich mit dem Übel abfindet, so findet er sich auch mit dem Guten ab. Er führt sie sanft über die Tanzfläche, sie ist leicht, hat eine angenehme Art zu umarmen. Als der erste Tango zu Ende ist, lacht sie. Offensichtlich hat es ihr gefallen, denkt er, und entspannt sich, fühlt sich wieder jung und mächtig. Er hat es verstanden, ihr Vergnügen zu bereiten, das merkt man. Sie ist etwas aufgeregt, ihre Augen glänzen. Er geht den zweiten Tango voller Vertrauen an, richtet sich auf, versucht einige etwas kompliziertere Figuren, sie folgt ihm problemlos. Ende der Tanda. Mit falscher Bescheidenheit sagt er: „Das war nicht schlecht; schade, dass es schon vorbei ist.“ Sie antwortet: „Die nächste Gelegenheit kommt bestimmt.“ Es hat ihr also sicher gefallen, denkt er.

Der Dicke sitzt immer noch am Tisch. Wenn sie den Alten akzeptiert hat, dann kann es ihm wohl auch nicht schlecht ergehen. Er atmet tief durch, der Panik nahe. Er sieht sie an, will ihr zunicken aber sein Genick ist so steif, dass er es gerade noch schafft, ihr zuzuzwinkern. Sie sieht es trotzdem und stimmt zu. Ein gefälliges „Ja“ von einer Frau, die es gewohnt ist, bewundert zu werden; so hatte sie alles andere erahnt. Die Schüchternheit, der Alte, der sich zuerst an die Front wagte. Er glaubt, etwas Schelmisches in ihrem Blick zu sehen. Sie hat es gemerkt, wie peinlich, jetzt muss er sie beeindrucken. Sie lässt es geschehen, er kann es nicht so richtig genießen, er schaut verstohlen an die anderen Tische, um zu sehen, ob man ihn sieht. Er fühlt sich einen Kopf größer und wie ein Compadrito, und er würde mit niemandem tauschen.

Diese Nacht träumt er „den schönsten Traum von allen“[43]. Das Theater ist ausverkauft, und er auf der Bühne unter den ganz Großen, Haargel und das Haar zum Zopf zusammengebunden; sie im silbernen Kleid, hohe Hacken, in seinen Armen tanzend. Er schreckt aus seinem Traum auf, als er den Applaus hört.

„Mama, Mama!“ kommt er schreiend herbeige-eilt. Die überraschte Mutter läßt den Wäschetrog stehen“[43]. „Komm schon, Quique,“ sagt sie, „der Kaffee ist fertig.“ Er zieht seine Jeans und Turnschuhe an und macht sich auf den Weg in die Arbeit, wie jeden Tag – nicht ohne dem weißen Hündchen einen Fußtritt zu versetzen.

„... das ganze Jahr ist Karneval“[44]

Bei einer Vorstellung wie in der Milonga, bei der jeder Publikum und Protagonist gleichzeitig ist, spielt die Garderobe eine Schlüsselrolle. Und die Farbe Schwarz ist der unbestreitbare Hauptdarsteller.

Komplette Galagarderobe oder einfach Schuhe wechseln – eine Frage des Tages, der Uhrzeit und der Laune.

Am Ende des Tages verlässt er das Büro mit ernster Miene, und wer hätte das gedacht! Nach wenigen Häuserblocks verwandelt er sich von Clark Kent in Superman: Parfum, lederbesohlte Schuhe. Oder er behält die Schuhe mit der Gummisohle an und ärgert sich bei jeder Drehung. Vielleicht ist er zu Hause und sieht sich das Fußballspiel an; plötzlich fühlt er, dass ihn die Lichter der Nacht auf das Fest einladen. Er wirft sich in Schale und schließt sich dem Umzug an.

Ein anderer, noch Milonguero-Anwärter, hat sich das schwarze Hemd gekauft und kann es kaum erwarten, es zu tragen, aber er denkt, so ein Orden sei noch nicht angebracht. Er weiß, dass Schwarz beim Tango die Farbe der Meister ist, wie der Gürtel beim Karate. Bis auf weiteres wagt er sich nur an ein dunkelblaues Hemd.

Wollpullover, harmlose Stiefeletten mit niedrigem Absatz. Auf der Toilette, die als improvisierte Umkleidekabine dient, kommen das eng anliegende Top und die unverzichtbaren Absätze zum Vorschein. Die Damen sind Expertinnen in der Vielzweck-Kleidung. Manche tragen in ihrer Handtasche immer zwei geschickt mit der Hand zusammengenähte Gummis mit sich, die sie über die Straßenschuhe streifen, wenn sie nachmittags schnell einen Abstecher zum Tango machen.

Und die Strümpfe! Nägel im Stuhl, Fußtritte auf der Tanzfläche, die eigenen Fingernägel, wenn man sie zu schnell hochzieht, weil man von der Toilette aus bereits den Anfang der Tanda hört, gehören zu den häufigsten Unfallursachen. Man erzählt sich von einem Ehemann, der aus allen Wolken fiel, als er herausfand, wieviel seine Frau für Strümpfe ausgab, fast alle schwarz, einige Netzstrümpfe.

Die Männer haben auch ihr Bündel zu tragen. Die Krawattenträger sagen, das Zwischenfutter gehe durch die von den Körpern abgegebene Feuchtigkeit ein und hinterließe ihnen eine ganze Sammlung von seidenen, nutzlosen Bandoneons.

Unterwäsche mit transparenten Trägern für schulterfreie Oberteile; Schminke, die nicht mit dem Schweiß davonläuft; die Mädchen von heute tragen Lycra statt Perkal. Mantel oder Regen-mantel darüber, damit die Nachbarn nicht reden. Und sie macht sich auf den Weg in die Milonga, *dressed to kill.*

Die Größen der Tangoszene zu kennen, von den Mädchen erkannt zu werden, mit einer VIP-Karte in die Milonga zu gehen – das gehört auch zur Show.

Draußen regnet es, donnert es oder es ist eiskalt. Aufgrund des Mikroklimas, das die Körper schaffen, ist in der Milonga das ganze Jahr über Sommer.

Wenn er es riskiert, ein Wollsakko zu tragen, verurteilt er die Dame zu der beunruhigenden Erfahrung, mit einem Heizkörper zu tanzen. Nach zwei Tandas ist er so nass geschwitzt, dass er es nicht mehr ausziehen kann. Andere tragen eine Weste als Kompromiss zwischen dem etwas steifen Sakko und der Intimität des Hemdes.

Er sieht sie stolz vorbeitanzen, das Kleid bis zur Taille geschlitzt, hochhackige rote Schuhe, sie hat ihn nicht ein einziges Mal angesehen, aber eine gewisse Spannung im Rücken verrät sie; sie weiß, dass er die Augen nicht von ihr lässt.
Er kommt ruhigen Schrittes daher getanzt, er nähert sich dem Tisch, an dem die Dame sitzt, die er beeindrucken will, oder auch das Objekt seiner Rache. Er protzt und stellt eine ausgefeilte Choreographie zur Schau.

Schließlich hoffen alle, sich ins rechte Licht zu rücken, „aber zum Tango gehören zwei“. Deshalb sollte man sorgfältig wählen, denn für den Tanz gilt dasselbe wie für die Ehe: Es gibt Partner, die einem unterstützend zur Seite stehen, und andere, die einen ins Grab bringen.

„... stell dir vor, wir würden heute noch einmal in früheren Zeiten leben“[45]

„Spät erst wurde mir klar“[46], „wir waren die Hoffnung“[47], „nichts ist mehr übrig“[48]... So singt der Überlebende, der schon bessere Zeiten gesehen hat. Die Titel und Texte sind vielsagend, Tango konjugiert man in der Vergangenheit.

„Erinnerung“[49], „Narben“[50], „Spuren“[51] ver-gangener Lieben. „Heute wirst du in meine Vergangenheit eintreten“[52]..., „dich gibt es nur einmal“[53]... Diese Worte konfrontieren uns mit der Unmöglichkeit, Getanes wieder gutzumachen.

Es gibt ein letztes Exemplar von allem, was zu Ende geht: „Der letzte Kaffee“[22], „Die letzte Drehorgel“[54] und „Die letzte Laterne“[55] gehen Hand in Hand mit „Der letzte Rausch“[56], „Der letzte Guapo“[57] und „Die letzte Hure“[58].

Sehnsüchte nach der Zeit, als man 18 war oder gerade mal 15 Lenze zählte, vermischen sich mit dem Kult des reiferen Alters: „Altes Auto“[59], „Alter Smoking“[60], „Altes Tortoni“[61], „Alter Mond“[62] und „Alte Laube[63].

Aber wenn die Vergangenheit in den Texten enthalten ist, so liegt die Zukunft im Tanz. Zur Überraschung der alten Hasen kommen immer wieder neue Milongueros hinzu. Auf der Flucht vor der Einsamkeit, auf der Suche nach einem Partner oder einfach, weil Tango „in“ ist.

Dank der Neulinge werden neue Milongas eröffnet, neue Hoffnungen ersetzen die Erinnerungen. Dort herrschen bescheidene oder übertriebene Erwartungen, angefangen mit der, tanzen zu lernen. Aber man erreicht nichts, ohne für das „Recht auf Tanzfläche“ zu bezahlen.

Nach einigen Monaten Unterricht und in Begleitung einer erfahreneren Freundin (die bereits zweimal dort war), stürzt sie sich in das Abenteuer Milonga. Wenn sie nicht am Tisch sitzen bleiben will, so wird sie sich doch damit abfinden müssen, mit dem noch nicht so guten Unterrichtskollegen zu tanzen. Oder mit dem Veteranen, der sich als Lehrer aufspielt und ihr eine Vorlesung gibt, während sie tanzen. Wenn sie Glück hat, so startet sie ihre Milonga-Karriere mit einem einfühlsamen und verständnisvollen Mann. Das ist grundlegend, denn wie jede Frau weiß, kann das erste Mal zum Trauma werden.

Ab dieser Nacht ist sie zu lebenslangen Erwartungen verurteilt. Hoffentlich regnet es nicht und hoffentlich werden keine neuen Spar-maßnahmen angekündigt; so bleiben die Männer nicht zu Hause. Hoffentlich gibt es kein Fuß-ballspiel, denn die wichtigen Spiele sorgen für leere Tanzflächen. Hoffentlich kommt die Freundin meines Favoriten nicht, dann tanzt er wieder mit mir, so wie neulich.

Auch der Mann muss irgendwann debütieren. Die Nerven erinnern ihn an andere entscheidende Proben, die er im Laufe seines Männerlebens durchlaufen musste. Er wählt eine Frau aus und sieht sie mit ebenso großer Panik und Ver-schämtheit an wie damals. Das Mädchen ignoriert ihn mitleidslos. Im besten Fall trifft er eine Bekannte, die in aus der Demütigung rettet. Er geht auf die Tanzfläche und zählt die acht Grund-schritte, und als er die Sequenz tanzen will, die man ihm in der letzten Tanzstunde beigebracht hat, stößt er gegen das Tanzpaar vor ihm. Er versucht, zurückzugehen, und rempelt die hinter ihm an. Bei der Hälfte der Tanda fühlt er, dass ihn alle ansehen, und wünscht sehnlichst, im Erdboden zu versinken.

Mit der Zeit wird er lernen, die guten Tänzerinnen ausfindig zu machen und zu hoffen, dass sie bis zur Hälfte der Tanda niemand auffordert, damit er seine Chance bekommt.

Schließlich baut sich jeder mit der Zeit seine Tänzerkarriere auf, die sich aus vergangenen Geschichten, gegenwärtigen Erfahrungen und künftigen Versprechungen zusammensetzt. Man findet einen Club, dem man angehört, eine Sportart für viele Jahre, einen Kult, den man ausüben kann, einige Kriegsverletzungen, Schwielen an der Fußsohle, einen hart verdienten Ruf. Mehrere Todesfeinde, ein Freund für's Leben, Ex-Partner, Ex-Geliebte ... und immer wieder neue Erwartungen.

„Hand gegen Hand"[41]

Er taucht in der Milonga auf, sobald sie aufmacht, und zahlt nirgends Eintritt. Niemand weiß, wovon er lebt. Aber er tanzt wie ein Gott. Er setzt sich an den besten Tisch und sucht sich seine Tanzpartnerinnen aus. Die Organisatoren wetteifern um seine Anwesenheit, wenn auch vielleicht nur als Teil der Einrichtung. Einige stellen auch Bedingungen, und es gibt Milongueros, die sie akzeptieren, z. B.: Wenn Männer fehlen, muss er mit jeder tanzen.

Knapp über zwanzig, er oder sie. Fünf Pesos Eintritt, inklusive Unterricht, zwei für ein Mineralwasser, ein Peso fünfzig für den Bus hin und zurück. Das ist kein Vermögen, aber es hängt davon ab, wie viele Nächte pro Woche man es ausgibt.

Er hat ein Auto und ein gutes Auskommen, aber er tanzt kaum. Sie tanzt gut, ist geduldig und tolerant. Er ist großzügig, zahlt den Eintritt, den Sekt und sogar eine Picadita[64]. Manchmal erlaubt er sich den Luxus, andere Männer an den Tisch einzuladen, aber nur gute Tänzer und *Habitués* der Milonga - um dazuzugehören, um zu lernen oder damit sie mit der Dame tanzen.

Ein Taxi, wenn sie niemanden hat, der sie in die Milonga mitnimmt, und noch eins, wenn sie alleine nach Hause geht. Manchmal auch ein eigenes Auto. Ganz zu schweigen von den Kosten der Kleidung, des Parfums, des Friseurs. Sie tanzt gut und es fehlt ihr an nichts. Sie kann auffordern oder aufgefordert werden. Sie zahlt gewöhnlich nicht für Begleitung. Aber diesmal handelt es sich um eine besondere Situation: Er ist ein Künstler, ein großer Milonguero, und mit ihm zu tanzen ist sowohl eine Ehre als auch eine Investition. Mit einem Meister gesehen zu werden hebt ihr Niveau in den Augen der anderen Tänzer.

Die Ausländer kennen den Wert dieses Prachtexemplars einer vom Aussterben bedrohten Art auch, und sie sind dazu bereit, für seinen Unterricht und seine Begleitung zu zahlen. Aber wenn es sich um junge Tänzer handelt, die kommen, um ihre Tanzkünste zu perfektionieren, hoffen sie, dass sie ein finanziell besser gestellter Einheimischer unter seine Fittiche nimmt und sie bestenfalls sogar in seinem Haus unterbringt.

Wenige erahnen die geheimen Opfer einiger „Tangoherzoge“, die uns würdevoll mit ihrer Anwesenheit und Kunst ehren, mit gestopften Socken in den makellosen Schuhen.

Während der Maler sein Werk verkauft, trägt es der Tänzer mit sich herum. Und der Milonguero setzt noch seinen Charme und seine Verführungs-künste obendrauf. Großzügige Männer und Frauen, die ihre Schätze gegen ein paar Groschen eintau-schen.

Aber die Leute sind schlecht und reden. Man hört hässliche Worte wie „wie sie ihn (oder er sie) nur ertragen kann“ und andere, die noch schlimmer klingen.

Mit einer Mischung aus Neid und Missbilligung verbreiten die „anständigen Leute“ Gerüchte über manche, die sich dank eines Gefallens einer reichen Ausländerin oder einer unvorsichtigen Einheimischen über die Runden retten. Oder über eine junge Dame, die göttlich tanzt und eine Protegée des wohlhabenden Herrn ist, der sie auf eine Reise um die Welt im Zweivierteltakt mitnahm. So „triumphieren oder wanken die Bestrebungen der Milongueros“[41] zwischen Mythos und Wahrheit.

In der Mehrzahl der Fälle jedoch ist das, was man sich in der Milonga schenkt, nur für den „Verzehr an Bord“ gedacht. Sowohl vom Vergnügen als auch vom Materiellen nimmt niemand mehr mit, als was er am Körper tragen kann: ein Glas Sekt, den Wert des Eintritts, eine Einladung zum Essen. Wenn sich jemand betrogen fühlt, dann deshalb, weil er erwartete, alles umsonst zu bekommen.

Die Milonga ist verschwenderisch, und im allgemeinen verliert man niemanden so leicht aus den Augen. „Und wenn eine kleine Schuld“[41] wir aus Versehen vergessen haben, ... dann ergibt sich sicher eine Gelegenheit, sie einzuholen. Wenn nicht diesmal, dann eben nächstes Mal.

Die Komödie der 1001 Nächte

Schon die Texte sind oft herzzerreißend, aber die Dramatik der Tänzer, ihr Schweigen, die Genauigkeit der Schritte sagen uns, dass das Libretto keinen Humor vorsieht. An den Tischen dagegen herrschen neckisches Gehabe, Spielchen, Verwechslungskomödien.

Wie ein Sultan hat er seinen Harem, aus dem sich die Lieblingsfrau hervorhebt. Aber er genießt keine Exklusivität; alle Frauen gehören auch dem Harem anderer Männer an.

Früher, als man den Tango in den Cabarets tanzte, waren die Frauen das Eigentum des Hauses und mussten mit allen Kunden tanzen und durften keine Präferenzen an den Tag legen. Heute setzt sich die Komödie fort: Sie tanzen mit niemandem mehr als drei Tandas und sie tun so, als ob sie in Begleitung wären, wenn sie die Milonga verlassen.

Diese Rolle macht ihnen Spaß. Die Nacht war ein Erfolg, Anfang des Monats und mehr Männer als je. Sie tanzte pausenlos mit neuen und bedingungslosen Tänzern. Sie seufzt vergnügt und sagt zu den Freundinnen: „Zwei Uhr früh und es stehen noch einige Kunden auf der Liste!" Jede Frau hat außerdem ihren Lieblingstänzer, aber ihn reserviert sie sich für die besten Tandas.

Die Frauen haben auch gelernt, einige potentielle Kunden nicht abzuweisen, obwohl sie heute gerade Tänzer im Überfluss haben. Man weiß nie, ob man sie nicht an einem anderen Abend braucht, wenn es mal nicht so gut läuft.

Einige Männer haben entdeckt, dass sie an verregneten Nachmittagen die Gelegenheit bekommen können, mit Frauen zu tanzen, die bis dahin völlig unzugänglich waren, entweder weil die „ständigen Begleiter" fehlen oder weil die meisten der begehrtesten Kandidaten durch Abwesenheit glänzen.

Frauentisch. Bei zwei Frauen herrscht ein Klima der Vertraulichkeit. Am Dreiertisch ist der Humor vorherrschend. Sie hat ein halbes Dutzend Kandidaten, die mit ihr tanzen. Aber es geht nicht darum, sich als Besitzerin aufzuspielen. Zwei teilt sie mit ihrer Freundin, weitere drei mit einer von einem anderen Tisch und einen mit ihrer ärgsten Rivalin.

Eine zieht Erkundigungen über jenen Herrn ein, der etwas weiter drüben sitzt. „Der ist nicht schlecht," sagt die andere vorsichtig. Sie hat ihre Tanda sicher in der Tasche und hütet sich, das auszuplaudern, um den guten Tänzer nicht teilen zu müssen. Eine etwas Großzügigere verleiht einen aus ihrer Belegschaft, ein anderes Mal wirft sie ihn in den Sammeltopf, verschenkt ihn oder verlost ihn schlimmstenfalls. Alle wissen um den Vorteil des Casting, bei dem sie jede Nacht einen neuen ausprobieren, um Kapital herauszuschlagen.

Eine Nacht fällt ihm eine seines festen Ensembles aus, und es gilt, eine leere Stelle zu besetzen. Sie erleidet ebenfalls eine Desertion in ihrem Team und greift auf die Ersatzbank zurück. Ein Neuerwerb für seinen Harem. Oder für ihren?

Frauentisch. Eine kam heute nicht. Ihre Kandi-daten suchen sie mit dem Blick, und nachdem sie sie nicht finden, fordern sie die anderen auf. „Wir haben all deine Männer durchgetanzt," necken sie die Freundinnen bei der nächsten Gelegenheit.

Natürlich gibt es welche, die den ganzen Tisch auffordern, und andere, die mit einer einzigen tanzen und die anderen nicht anrühren. Die Ehrencodes der Männer sind stumm, aber streng. Sie haben erlaubte, obligatorische und verbotene Frauen. Die Freundin, die alleine am Tisch sitzen blieb, wird schnell von den treuen Tänzern getröstet. Die Ex-Freundin eines Freundes wird unsichtbar.
Männertisch. Niemand sagte etwas, aber einer gab zu verstehen, dass ihn die Blonde interessiert. Sie wird nie erfahren, warum sie die anderen zwei nie wieder auffordern.

Sie hat den Milonguero ihrer Träume gefunden und gibt sich nicht mehr damit zufrieden, eine von vielen zu sein; sie will die Einzige sein. Aber sie weiß, dass sie dazu ihren eigenen Harem opfern muss ... und überlegt es sich zweimal.

Eine andere ist in Urlaub gefahren und hat ihr Lager aufgelöst. Wenn sie zurückkommt, wird sie sich einen neuen Harem zusammenstellen müssen. Einige hat sie verloren, andere haben bereits die ganze Runde gemacht, und sie kann sie recyclen. Die weniger Naiven wissen, dass sie unvergesslich sein können, aber nie unersetzlich.

„Und so bewegt sich die Karawane voran“[65]... Es stimmt, dass man manchmal leidet, hasst und sogar weint. Aber nur für eine Nacht. Die anderen 1000 verlaufen wie in einer Komödie.

„Wenn die Milonga weint“[66]

An diesem Zufluchtsort der Musik, der Wärme und des künstlichen Lichtes bricht die Realität manchmal mit Gewalt über uns herein. Die Harmonie zerbricht wegen eines Streits auf der Tanzfläche oder eines Skandals einer Frau, die mitten auf der Tanzfläche in Ohnmacht fällt. Manchmal präsentiert sich der Tod selbst, ohne jede Warnung.

Die Milongueros sterben nicht mehr, wie wir es von den Tangotexten her kennen – die Männer durch einen Messerstich, die Frauen als Folge von Tuberkulose. Sie sterben andere Tode, aber sie sterben auch tanzend.

Vor kurzem starb diese kurzhaarige Frau mit den beschwingten Füßen, die bis zum letzten Tag tanzte und von der niemand wusste, dass sie so krank war. Es sterben die Tangogrößen, die alten Milongueros, und wir rufen sie uns immer wieder ins Gedächtnis. Manche werden sogar öffentlich geehrt - tanzenderweise, versteht sich.

Eine nimmt sich aus Liebe und Verrücktheit das Leben. Einem anderen versagt das Herz, „ ... ganz leer, weil es so sehr geliebt und soviel Untreue beweint hat“.[67]

Manche sterben alleine, außerhalb des Rampen-lichts. Die Nachricht geht um, während die Tandas gespielt werden, und eine Weile später merkt man, dass viele an den denken, der nicht mehr unter ihnen ist, die Neuigkeit zu erklären versuchen und sie weiter erzählen. Niemand kann die Person genau identifizieren: „die mit den hellen Augen, die immer mit dem Großen tanzte“, oder „der ältere Herr, der immer am Tisch in der Ecke saß“. Mit diesen spärlichen Daten versucht man, die Persönlichkeit zu rekonstruieren und ihre letzten Schritte aufzuspüren, vielleicht ihre letzten Tangoschritte. „Ich habe doch Sonntagnacht noch die Di Sarli-Tanda mit ihr getanzt, und man merkte ihr nichts an“, sagt einer etwas eingeschüchtert.

Die Tänzer haben nur einen Vornamen, manchmal sogar nur einen Spitznamen. Wenn jemand ihre Telefonnummern in einem Verzeichnis auflisten wollte, so würden alle unter dem Buchstaben „T“

landen. Wie Geschwister tragen sie alle denselben Familiennamen „Tango". Außer der Leidenschaft für den Tanz haben sie wenig gemeinsam. Außer ein paar Freunden wissen nur wenige, wo sie wohnen, wie sie ihr Geld verdienen, wer sie sind.

Ein anderer starb in seinem Ambiente, mitten in der Milonga. In diesem Notfall fängt man an zu fragen, wer seine Familie kennt, wo er arbeitet ... Man identifiziert ihn nur durch sein Aussehen und seine Art zu tanzen. Als er stirbt, gibt er seine Anonymität auf, und ab diesem Zeitpunkt hat er eine Geschichte, einen Familiennamen, ein Leben.

Der Tod in der Milonga gibt auch Aufschluss über die Identität der Lebenden. Man fragt nach einem Arzt, und es meldet sich ein Mann oder eine Frau zur Stelle, von denen niemand erwartete, dass er/sie ein Arzt ist, oder der schon etwas reifere Milonguero, der seinerzeit ein Bademeister war und der nun, jedes Protokoll außer acht lassend, die Tanzpartnerin stehen lässt und sich auf den Boden wirft, um den Betroffenen wiederzubeleben.

In jedem existiert eine eigenartige Mischung des Bedürfnisses, einerseits die Hauptrolle zu spielen und sich andererseits vom Problem fernzuhalten. Die dramatische Nachricht macht die Runde an jeden Tisch, sie durchquert den Saal, tanzend, beim Partnertausch. Man erfindet Geschichten, vielleicht auf der Suche nach einer Erklärung für das Unerklärliche, vielleicht beim Versuch, einer unverständlichen und brutalen Tatsache Sinn zu geben.

Aber die Musik spielt wieder und der Tanz wird nicht unterbrochen. Sie tanzen, um die Tatsache zu feiern, dass sie am Leben sind, und um ihren Schmerz und ihre Trauer zu kurieren. Aber auch um der Unsterblichen des Tangos zu gedenken: „Keiner singt wie Gardel", „keiner tanzt wie Cachafaz". Wie jemand, der malt oder schreibt, so tanzt jeder, was er fühlt.

Es gibt den allgemein bekannten Schmerz, wie zum Beispiel den Liebeskummer, und den unvorstellbaren Schmerz als Folge eines Verlustes einer geliebten Person. Jeder Tango verleiht den verschiedenen Arten von Schmerz Bilder und Worte, jede Umarmung bietet Erleichterung und Trost.

Erinnerung und Vergessen, Musik und Stille, Tanda und Cortina, „... der Duft nach Leben und der Geschmack nach Tod“[68] gehören zur Milonga und zum Leben, so dass der Tanz immer weiter-geht und sich die Erinnerungen in Luft auflösen oder in den Mythos des Tangos integrieren.

„Auf kleiner Flamme“[69]

Die Milonga kocht auf kleiner Flamme. Am frühen Abend ist es kühl, die Kleidung frisch gebügelt, das Make-up und das Haar der Frauen tadellos.

Ein paar Stunden später brodelt das Lokal vor Hitze und Enthusiasmus. Alle sind nun da, und sogar noch ein paar mehr, und die Tanzfläche ist so voll, dass man praktisch nicht mehr tanzen kann. Alle sind gierig, niemand will eine Tanda versäumen. Freunde grüßen sich von ferne, wachsam wie Wachposten, um den Überblick über die dargebotenen Leckerbissen nicht zu verlieren. Die Frau bewegt sich nicht von ihrem Tisch weg, wie ein hungriger Lockvogel, der seiner Beute auflauert.

Unterdessen sind andere Dinge am Köcheln. Süße oder pikante Geschichten, manchmal auch bittere.

Manch ein alter Hase, von der Sorte, die nicht mehr gleich nach dem ersten Sieden durchgekocht sind, tanzt zum Aufwärmen mit denen, die ihm weniger gefallen, um sich von der Auserwählten ersehnen zu lassen, sie sich für die letzten Tandas zu reservieren und sie kurz vor der Sperrstunde richtig auszukosten.

Er weiß, dass man nicht gleich am Anfang das ganze Fleisch auf den Grill werfen soll. Wenn er zu früh anfangen würde, müsste er die ganze Nacht mit ihr tanzen oder sie in die Fänge der Geier abgeben, mit dem Risiko, dass sich der Effekt seiner Verführungskünste im Nichts auflöst. Einige weniger Geduldige werfen ihr Netz zu früh aus und gehen wie ausgekochte Kater auf die Pirsch.

Es gibt auch Mädchen, die sich gleich verbrennen. Der Naschhaftesten fällt das Warten schwer, und sie schnappt sich gleich am Anfang die beste Praline. Sie muss das Interesse wach halten, indem sie mehrere Tandas tanzt und sich ins rechte Licht rückt. Danach fordert sie keiner mehr auf. Und er setzt sie auf Diät, indem er mit anderen Frauen tanzt und sie sich für das Ende aufhebt, während sie brennt.

Die Klügeren nehmen zunächst mit einem Unvorsichtigen vorlieb, der den Wasserkessel erhitzt, damit ein anderer den Mate trinkt.

Aber früher oder später bekommen alle ihre Revanche. Die Rache ist ein Gericht, das kalt gegessen wird. Wer heute nur die Reste abbekommt, kriegt morgen das Hauptgericht. Wer heute der Aperitiv war, wird morgen die Kirsche des Desserts sein.

Gegen Ende der Milonga bleibt noch der Boden des Kochtopfs, das Konzentrat, die Essenz. Sie besteht aus den Blicken, die verloren gingen und nicht am Ziel ankamen, aus einer Mischung von Schweiß und Parfum, aus Versprechungen, aus verlorenen Schritten, aus zerschlagenen Träumen.

Es bleiben nur noch wenige übrig, im allgemeinen gute Tänzer oder so manch ein Beschwipster, der sich zu einsam fühlt, um nach Hause zu gehen. Mädchen in Zweier- oder Dreiergruppen, Freundinnen unter sich.

Jetzt ist die Gelegenheit, um den- oder diejenige auszukosten, auf den oder die man schon lange Lust verspürte. Man tanzt ungezwungen, die Tanzpaare machen Witze untereinander, auf der Tanzfläche ist viel Platz, es herrscht ein vertrautes, freundschaftliches Klima. Jetzt können Dinge passieren, die ein paar Stunden früher undenkbar gewesen wären. Am Ausgang der Milonga schlägt einer vor, ein Taxi zu teilen, und man hört: „Ich bringe dich nach Hause“ oder „nimmst du mich mit?“ oder „wer fährt wohin?“. Jeder ist zu müde für andere Sorgen.

Man könnte glauben, dass diese Dinge nur im Morgengrauen passieren. Aber es gibt auch Milongas am frühen Abend, bei denen man das Tageslicht nicht sieht und das Gefühl für die Zeit verliert, bei denen der Tag um zehn Uhr abends anbricht, wenn die Tänzer die Milonga erschöpft und glücklich wie nach einer langen Party verlassen.

„... und sie wollen mich aus Neid oder Rachsucht prügeln“[70]

Wie ein unsichtbarer Faden reiht der Neid die Tänzer um die Tanzfläche und die Tische aneinander. Eine Todsünde, der niemand entkommt. Die im Hintergrund beneiden die, die in der ersten Reihe sitzen. Die, die mit dem Partner da sind, die, die alleine da sind; und die alleine da sind, die, die zu zweit unterwegs sind. Die Jungen die Erfahrung und die Älteren die jugendliche Frische. Die, die früh zur Arbeit müssen, diejenigen, die bis in die Puppen bleiben können, und die Arbeitslosen die, die Arbeit haben. Die Ausländer die *Porteños* und die Einheimischen die, die kommen, um die Mädchen oder Milongueros zu rauben.

Eher hässlicher, dicker und reiferer Mann. Die Göttin scheint auf seiner Brust schlafend zu tanzen, mit einem Lächeln, das purem Vergnügen gleichkommt. Welch geheimen Zauber strahlt dieser Mann nur aus? Der gutaussehende junge Mann beobachtet sie. Wie sollte er sich jemals eingestehen, dass er sich wünscht, in seinen Armen zu tanzen, um herauszufinden, was sie fühlt?

Neid fühlt die Freundin, die sie aus dem Augenwinkel heraus beobachtet, während sie selbst sich in der unbeholfenen Umarmung eines Angebers herumquält, der sich mehr darum kümmert zu sehen, wie seine Figuren beim Publikum ankommen, als darum, wie sie sich fühlt.

Sie ist neu, sie weiß, dass sie gut aussieht, und sofort wird sie von den besten Tänzern bestürmt. Nach ein paar Tandas findet sie sich „mit der Nase gegen die Scheibe gepresst“[71], während sie giftig die geschickte und sinnliche Dicke betrachtet, die ihre Galane einen nach dem anderen zurückgewinnt, weil sie auf der Suche nach Vertrauen und Harmonie waren.

An einem Tisch beobachtet ein Trio von „schlecht betanzten“[1] Damen die Schönen, die Jungen, die guten Tänzerinnen – die, die nie am Tisch sitzen bleiben. Schonungslos kritisieren sie alles an ihnen – von der Umarmung bis zur Klei-dung. Nicht einmal die Männer kommen un-geschoren davon. Überzeugt davon, dass diese es viel leichter haben, beobachten sie sie mit schlecht unterdrücktem Hass und dann beschweren sie sich, dass sie sie nicht auffordern!

Sie schien unnahbar. Eines Abends kommt sie in Begleitung, und der Kandidat weckt den Neid der treuen Fans. „Ich verliere immer," bemitleidet sich insgeheim ein melancholischer Anwärter. „Mit der tanze ich nicht mehr," denkt ein anderer empört. „Es war also doch nicht unmöglich," überlegt ein Dritter, „vielleicht bekomme ich auch noch meine Gelegenheit."

Es gibt dauerhafte Beziehungen, Paare, die schon ewig zusammen sind, und Ehen, die den Neid und die Bosheit von Einsamen und Freischärlern wecken. Sie tanzen unter sich und mit allen. „Sind sie Komplizen? Ist er ein Kuppler und sie naiv?" fragen sich andere neugierig und etwas boshaft. „Und die Eifersucht? Verdrängen sie sie oder empfinden sie keine Eifersucht?" Die Unglücks-raben prophezeien ihnen Trennung und schlim-mere Dinge. Sie aber bleiben mit erstaunlicher Beharrlichkeit präsent und erlauben sich den Luxus, Sympathie und Kameradschaft-lichkeit aus-zustrahlen.

Neid empfinden diejenigen, die nicht tanzen, wenn ihre alten Freunde beginnen, Milongas zu besuchen. „Ich würde gerne mal mitgehen," sagen sie. Aber es kommt ihnen nie recht. Die Rache kommt schleichend, aber ist unvermeidlich. Sie rufen nicht mehr an, wenn sie ausgehen. Sie laden sie nicht mehr auf ihre Feste ein. Ihre Ausrede ist, dass sie jetzt, wo sie tanzen, sowieso auf einer anderen Wellenlänge sind.

Schließlich strebt in der Milonga jeder danach, sich vom Neider zum Beneideten zu entwickeln. Obwohl es auch die Unverbesserlichen gibt. „Wie wütend und aus dem Augenwinkel"[72], spionieren sie rachsüchtig dem Reichtum des Nachbarn hinterher. Andere verstehen schließlich, dass der richtig verstandene Neid der erste Schritt eines Lernprozesses ist. Und sie nehmen ihn als solchen in Kauf.

„Seele eines Bohemien“[73]

„Pilger und Träumer ...“[73] Milongueros, Poeten, Philosophen und Künstler, eine Handvoll Faulpelze, die sich nicht mit dem Gefängnis der Arbeit und der Verpflichtungen abfinden. Lebenskünstler, Antihelden, Bohemiens schließ-endlich. So unnütz wie notwendig. Sie befinden sich am Rande des Konventionellen, verachten die üblichen Erfolgsmuster und kultivieren mit Arroganz ein Profil von Gleichgültigkeit und Absonderung.

Natürlich können sie im Alltag Ärzte, Geschäfts-leute oder Taxifahrer sein. Rechtsanwältinnen, Angestellte oder Friseusen. Reich oder arm, verheiratet, ledig oder geschieden.

„Wenn die Nacht anbricht, steht er erst auf ...“[74], Nachtschwärmer und Frauenheld, er hat immer so gelebt, und es ist zu spät, um es zu bereuen.

Vielleicht leidet sie an der absurden Wunde des Mannes, der sie verließ, oder sie zieht die Reste eines Familiendramas hinter sich her ... verwitwet, getrennt lebend; jetzt lebt sie die Emanzipation. Die Frau, die in die Milonga geht, weiß, dass sie nachts ausgehen wird, dass sie alleine hingehen und zurückkehren kann, dass sie tanzen kann, mit wem sie will. Dass sie geht, wann sie will und sogar mit wem sie will.

Er hat mehr Leben als ein Kater, wechselte mehrmals Arbeit und Frau. Die Pläne für die wirtschaftliche Entwicklung, die Importpolitik und die fehlenden Kredite haben ihm seine Illusionen geraubt. Die Milonga dient ihm sowohl als Zufluchtsort als auch als Entschädigung.

Leute, die etwas verloren haben, die schiffbrüchig wurden und wieder auferstanden sind. Manche mehr, manche weniger, aber alle haben eine Art Verbannung erlebt: von zu Hause, von ihrem Stadtviertel, von ihrem Land. Sie wanderte in den Siebzigerjahren aus, als ihr der Tango nichts bedeutete. Sie kehrte zurück auf der Suche nach ihren Wurzeln, und die Milonga zu entdecken war eine ihrer Arten, wiedergeboren zu werden. Zum Klang einer Musik ihres

Landes zu tanzen, so anders als die Rock-Musik der Jugendlichen oder die patriotischen Klänge der Hymnen, war ein Balsam für ihre Seele.

„Mitgerissen vom Leben eines umherziehenden Bohemien ...“[75], so schnallt sich so manch einer seinen Tango auf den Rücken und zieht los und endet „verankert in Paris“[75] oder in einer anderen Stadt der Welt, wo er lebt, wie er will oder wie er kann.

Eine andere, die bisher ein strukturiertes Leben gelebt hat, voller Vorurteile und Verbote, entdeckt zu ihrer Überraschung den Tango und damit sich selbst, zu einem Zeitpunkt, zu dem es scheinbar nichts mehr zu entdecken gab. Sie kommt auf der Suche nach Liebesabenteuern oder nur nach einer Umarmung zur Musik.

„Junger Mann ..., du hast das nötige Kleingeld für deine Laster und dein Vergnügen, für Parties und Frauen ...[76]. Freiberufler oder Unternehmer, der den ganzen Tag hinter Produktivität, Macht und Geld herrennt, sitzt Schulter an Schulter mit dem Arbeiter, der seine Pesos zusammenkratzt, um sich einmal in der Woche in Schale zu werfen und in die Milonga zu gehen.

Attraktiv und verführerisch - die Milongueros und Milongueras hatten schon immer einen schlechten Ruf. Sie lassen sich nicht kaufen oder einsperren, auch wenn es immer welche geben wird, die sie zur Arbeit oder zum formellen Dasein zwingen wollen. „Pech, wenn ich dich verliere ...“. Denn er kann nicht versprechen, sein Leben zu ändern, und solange es eine Milonga in der Nähe gibt, muss er immer wieder hingehen[77]. Ein Milonguero zu sein ist ein Kult. Mit ihrer so eigenen Weise, das Leben zu sehen, gehören sie zu den „Gangs“ einer Stadt wie die Hippies, die Rocker oder die Yuppies.

„Faulheit ist die Mutter aller Laster“, so lehrte man uns in der Schule. Was sie uns nicht sagten, ist, dass sie die Cousine ersten Grades einer der besten Dinge des Lebens ist: der Erholung, des Urlaubs, der Träume und des Vergnügens.

Für eine Ökologie der Milonga

Als Naturschutzgebiet der Liebhaber des Tangos ist jede Milonga dafür verantwortlich, das Gleichgewicht unter den verschiedensten Arten zu pflegen: Männer und Frauen, Alte und Junge, Lehrlinge und Touristen.

Aber nicht alle streben danach, das Klima, die Flora und die Fauna zu erhalten. Der Treibhauseffekt aufgrund fehlender Air Condition, überschwemmte Toiletten, rauhe Stühle, die dafür sorgen, dass man ein Vermögen in Strümpfe investieren muss. Wie im Urwald muss man sich den Platz zwischen den Tischen manchmal mit dem Buschmesser frei schlagen.

In einigen Milongas werden Männer und Frauen verteilt, als ob sie feindliche Arten wären, die man voneinander fern halten muss. Es gibt so viele Barrieren, dass es fast ein Wunder ist, dass sie es schaffen, ihre Blicke zu kreuzen und zusammen die Tanzfläche zu betreten.
Wie in der Natur gibt es auch hier einerseits Raubtiere und Plünderer und andererseits Ökologen.

Der junge Milonguero überrennt die Tanzfläche mit der Geschwindigkeit eines Formel-1-Piloten und macht fünf komplette Runden in einer einzigen Tanda. Gleichzeitig entfaltet er das komplette Kamasutra von *Giros*, *Ganchos* und *Sacadas*[10], bringt seine Partnerin völlig außer Atem und lässt ein Gelände von zerquetschten und wütenden Tänzern hinter sich zurück.

Als arroganter Dinosaurier missbilligt er die Anfängerinnen und konkurriert mit den guten Tänzerinnen. Man sollte glauben, diese Typen, die sagen „dreh deinen Kopf auf die andere Seite", „etwas mehr Pivot[78] bitte", „lehn dich näher an", seien Relikte des Machismus einer anderen Zeit, aber diese Klasse von Machos gab es schon immer und wird es immer geben. Die Frauen fürchten und hassen sie, und sobald sie sich etwas sicherer fühlen, ignorieren sie sie.

Der gute Tänzer, und erst recht, wenn es sich um einen Gentleman handelt, dreht, wechselt die Richtung und entfernt sich, wenn er den Kontakt mit einem anderen Paar auf der Tanzfläche spürt. Die

Unerfahrenen, vor allem aber die mit schlechter Kinderstube, rempeln anstatt nach-zugeben. Sie wollen sich nicht anpassen, und anstatt mit einer Frau zu tanzen, tanzen sie gegen alle Männer, auch wenn sie die Partnerin als Stoßstange benutzen müssen. Sie verstehen scheinbar nicht, dass nicht nur Mann und Frau einander brauchen, sondern auch ein Paar die anderen Paare auf der Tanzfläche, um das Tangogefühl zu teilen. Sonst könnten sie ja zum Tanzen zu Hause bleiben und bräuchten nicht in die Milonga zu gehen.

Ein anderer kümmert sich um seine Partnerin. Ein Moment großer Hingabe und Intimität, sie ist sehr verwundbar, mit geschlossenen Augen und oft rückwärts gehend. Aber sie rempeln ihn, und was noch schlimmer ist, sie verletzen ihm seine Partnerin. Vor solch einer Provokation schäumt der Zorn des Mannes über, umso mehr, als er sich verantwortlich fühlt und sie nicht genug beschützen konnte.

Sie hat ihn nicht tanzen sehen, aber plötzlich steht er vor ihr. Er sieht sehr gepflegt aus, deshalb riskiert sie es. Frisches Hemd, importiertes Parfum, er versucht einige Schritte. Er ist zwar kein Milonguero, aber er tut, was er kann. Nach und nach umarmt er sie etwas fester und drückt ihre Hand recht intensiv. „Seine Begeisterung steigt," denkt sie. Aber fast schon an der kneifenden Umarmung erstickt, bemerkt sie schließlich, dass er verzweifelt versucht, sein wackeliges Gleich-gewicht nicht zu verlieren, indem er sich an sie klammert.

Wie die Frau, die sich von Anfang an an seinen Hals hängt – nicht in einem Anfall von un-gebremster Leidenschaft, sondern weil sie noch große Mühe hat mit dem Tanzen. Und außerdem erklärt und entschuldigt sie sich jedesmal, wenn sie einen Fehler macht. Mit einem verletzten Flügel und mit schmerzender Schulter bleibt ihm nichts anderes übrig, als einige Tandas auszusetzen.

Es gibt eine Art von Raubtier, das alles jagt, was sich bewegt: Er tanzt mit einer, um sich an einer anderen zu rächen; wählt als Beute die Freundin eines anderen, richtet unter den Freundinnen Schaden an wie ein Fuchs im Hühnerstall. Wenn er sich auch noch zum Lehrer inspiriert fühlt, fordert er die Anfängerinnen auf, um Schülerinnen zu fischen.

Unter den Damen gibt es rote Rosen und schüchterne Veilchen, aber auch Tiger und Hyänen. Als „Eigentümerinnen der Milonga“ wirbeln sie die Beine herum, verteilen Fußtritte und halten es nicht für nötig, sich zu entschuldigen. Sie lassen der Neuen, die sich zu ihnen setzen will, und den anderen, die zwischen den Tischen hindurch gehen wollen, keinen Platz, und wenn sie könnten, würden sie ihnen ein Bein stellen. Sie betrachten sich auch als Eigentümerinnen der Tänzer und werden wütend, wenn eine, die sich als gute Tänzerin entwickelt, sich das Recht erwirbt, mit ihnen zu tanzen. Natürlich sehen sie auch auf die neuen Männer von oben herab und genießen es, sie zu demütigen, wann immer sie können.

Dazwischen gibt es noch kleinere Streitereien, die zum Spiel gehören. Eine Abfuhr oder ein Wutanfall, die sich wieder gutmachen lassen und sowohl von der Frau als auch vom Mann mit Strafpunkten vergolten werden. Wenn sie ihn eines Abends nicht angesehen hat oder wenn er nicht mit ihr getanzt hat, dann dauert die Strafe ein paar Tandas, Abende oder Monate lang, wo man nicht miteinander tanzt. Aber im allgemeinen versöhnen sich alle wieder, um das ökologische Gleichgewicht zu erhalten und auch weiterhin jemanden zu haben, mit dem sie tanzen können.

Glücklicherweise gibt es die alt eingesessenen Milongueros mit jahrelanger Erfahrung. Anstatt sich als Halbstarke aufzuspielen, benehmen sie sich als Gastgeber und behandeln alle freundlich: Die Frauen, die mit ihnen tanzen, jung oder alt, Anfängerinnen oder erfahrene Tänzerinnen, und die Männer um sie herum. Sie haben es nicht nötig zu beweisen, dass sie zu diesem Ort gehören und dass dieser Ort ihnen gehört. Sie legen es nicht darauf an, „Maestros“ zu sein, und werden doch von Männern und Frauen als solche betrachtet und geachtet. Sie reagieren höchst empört auf diejenigen, welche die Milonga ruinieren.

„Compadrito-Tänzer“[79]

„Gekleidet wie ein Dandy, Haargel im Haar und in Begleitung einer Frau, die schöner ist als eine Blume ...“[79]. Na klar, so gewinnt jeder. Er muss sich nur vor den Männern behaupten, die Frau hat er ja schon dabei. Er bestellt Champagner, legt seinen Arm um ihre Taille, und sie posieren für ein imaginäres Foto.

Jung, eingebildet und hochnäsig, so sitzt er vor dem Spiegel und stellt sein Münzprofil zur Schau. Die Mädchen nennen ihn boshaft Seepferdchen. Sie sagen, weil er sich selbst wie ein junges Fohlen fühlt, aber eher den Eindruck von einem alten Fisch macht.

Noch einer mit Starallüren; man merkt, dass sein Bronzespiegel im Blut ansteigt und er sich bald in seine eigene Statue zu verwandeln droht. Er fordert die Schönste zum Tanz auf und fährt gleich sein gesamtes Geschütz auf; er erschöpft sie, er stellt sie auf die Probe, sie ist angespannt wie bei einer Prüfung.

Erregte Atmung durch die Zigarette, unstabiles Gleichgewicht durch den Alkohol. Wie ein Professor rezitiert er die Titel jedes Tangos, mit Jahr, Autor und Orchester. Was spielt es schon für eine Rolle: Sie wird es nicht merken, wenn er sich irrt. „Steck die Mandoline ein, du bist über das Alter der Serenaden hinaus ... sonst hast du morgen nur wieder Husten“[80], würde die Zwanzigjährige am liebsten sagen, die er zum Tanzen gewählt hat.

Es passiert zwar selten, aber doch hin und wieder, dass ein aufdringlicher Typ eine peinliche Situation schafft, indem er eine Frau an sich drückt. Für sie ist es schwierig, sich zu verteidigen, denn das würde gleich auffallen. Wenn sich daraus irgendein Gerangel ergibt oder sie ihn stehen lässt, so macht das leicht den Eindruck einer intimeren Situation.

Sie hat sich angemalt wie eine Tür, hat die besten Stücke aus dem Kleiderschrank gezogen und ist behängt wie ein Weihnachtsbaum. Sie setzt sich gerade hin, Beine schön übereinander geschlagen, damit man den überdimensionalen Schlitz ihres Kleides sieht. Viele sehen sie an, wenige trauen sich an sie heran. Der Porteño beeindruckt gerne, aber er zittert vor der Möglichkeit, sich lächerlich zu machen.

Eine subtile Art des *Compadrear*[81] besteht darin, als Mädchen in Jeans und T-Shirt aufzutauchen, sobald sie weiß, dass sie als Tänzerin sowieso einige Ellenlängen voraus ist und ganz einfach die Oberhand behalten wird. Sie fühlt sich völlig sicher und stellt diejenigen in den Schatten, die sich herausgeputzt haben, um ihre schönen Beine zu zeigen.

Ein anderer, „eher unscheinbar, aber doch auch ein Compadre"[82], ist alleine da und muss sich schon etwas einfallen lassen, um eine Frau zum Tanzen zu finden. Er sieht zwar nicht toll aus, aber er glaubt an sich. Er hat genug Milonguero-Erfahrung und weiß, dass alle mit ihm tanzen wollen, sobald er mit der ersten tanzt. Er hat gelernt, dass nur Dummköpfe meinen, sie seien besonders schlau, und dass die Milonga einen lehrt, bescheiden zu sein, da niemand alles auf einmal bieten kann.

Aber man darf nicht vergessen, dass das *Compadrear* zum Spiel gehört. Ein Spiel unter Erwachsenen, aber auch eine Fortsetzung der Spiele der Kindheit, bei denen jeder ein nobler fahrender Ritter oder ein kühner Pirat sein kann, und sie entweder schüchterne Prinzessinnen oder grausame Zauberinnen.

Natürlich fühlen sie sich als etwas Besonderes, und sie haben auch ihre Gründe dafür. Die Erwachsenen tanzen dreimal pro Woche und nicht dreimal im Jahr wie ihre Freunde. Die Jungen tanzen in der Umarmung, anstatt in der Disco wie verrückt herumzuspringen. Die Älteren sind gut in Form, sie sind beweglich und nachtschwärmerisch wie die Jungen.

Der Milonguero protzt und prahlt gerne, er bläst sich auf, stolziert herum wie ein eingebildeter Gockel, imitiert den großen Macker, spielt sich als Messerheld oder als Lebemann auf ... Es ist seine Art zu sagen: „Hier bin ich!"

„Bei Dämmerschein“[5]

Licht und Schatten, Lichtflackern und Halb-schatten, Hell-Dunkel. Künstliches Licht des Saals, Glanz der Frauenkleider, Halbschatten des Paares mit halb geschlossenen Augen in einem improvisierten Korridor.

Man braucht genug Licht, um sich in die Augen zu sehen und zum Tanzen auffordern zu können. Angenehmes Licht, um den anderen genussvoll beim Tanzen zuzusehen. Gedämpftes Licht, das die Intimität der Umarmung begleitet.

Sie setzten sie direkt an die Wand unter den Scheinwerfer; „unter dem blauen Lichtkegel“[83] verleiht ihr der Schatten ihres Haares große Augenringe, und der Rest des Gesichtes bleibt im Dunkeln verborgen. Die Männer erahnen sie, aber sie sehen ihre Augen nicht. Wie sollen sie wissen, ob sie sie ansieht? Außerdem haben sie ihn noch genau an einen Strahler gesetzt, der sich in seinen Brillengläsern widerspiegelt. Sie wird nie herausfinden, dass er sie ansieht. Wie man sich nur so verfehlen kann!

Paradoxie des Lebens: Die Tanzfläche ist so dunkel, dass derjenige, der einfach nur sitzen bleiben und es genießen will, den anderen beim Tanzen zuzuschauen, nichts sieht. Natürlich interessiert ihn nicht die Technik; vielmehr das Recht, ein Stückchen des Geheimnisses der anderen zu erspähen. Und er fühlt sich dieses wesentlichen Bestandteils des Vergnügens beraubt, das doch zur Milonga gehört!

Einige tanzen natürlich auch, um sich zur Schau zu stellen, und kein Licht dieser Welt wird ihnen ausreichend erscheinen ... Sie haben noch nicht von der inneren Dämmerung gehört. Andere wiederum hätten es gerne völlig dunkel, um sich besser verstecken zu können.

Manche Frauen tanzen mit offenen Augen. Zwei weit aufgerissene Augen, die über seine Schulter hervorschauen. Und die Gaffer lauern verstohlen anderen möglichen Opfern für die nächsten Tandas auf, anstatt ihre Aufmerksamkeit auf ihre Partnerin zu richten.
Diese Frauen und Männer beeinträch-tigen sowohl die Konzentration also auch die Intensität der Hingabe.

Ganz zu schweigen von den Sälen mit verspie-gelten Wänden. Die Damen versuchen aus-zuspionieren, ob sie gut tanzen, kreuzen sich aber nur selten mit ihrem eigenen Spiegelbild. Da die Männer die Schritte und die Richtung bestimmen, stellen sie die Frau fast immer mit dem Rücken zum Spiegel. Sie sehen sie gerne an, aber noch lieber sehen sie sich selbst mit ihnen.

Manche tanzen mit geschlossenen Augen, andere bewegen sich wie schlafwandelnd, wenn auch mit offenen Augen, und nehmen „die ganze Welt vor sich" einfach mit, ohne zu sehen, dass die anderen Tanzpaare auch zu ihrer Welt gehören. Ganz zu schweigen von denen, die auf ihre Füße schauen; man verzeiht ihnen nur deshalb, weil sie Anfänger sind.

Der Mann, darum bemüht, niemanden anzurem-peln, muss sich um die Frau kümmern, die sich ihm anvertraut hat, da sie sich praktisch blind bewegt. Er ist stolz auf sein Geschick, umgeht tausend Hindernisse, Fußtritte und Rempeleien, und begleitet sie ohne den geringsten Kratzer zurück an ihren Tisch. Er hat seine Mission erfüllt, wenn sie sich der sie umgebenden Gefahren nicht einmal bewusst war und das magische Gefühl hatte, alles laufe wie am Schnürchen.

Weniger Lob verdient derjenige, der sie zwar unversehrt zurückbringt, ihr aber dafür Schritt für Schritt seine eigenen Abenteuer erzählt: „Der Große da hat mich fast angerempelt, komm, wir gehen in die Mitte der Tanzfläche, da sind weniger Leute; ich musste die Richtung wechseln, weil da welche waren, die sich nicht von der Stelle bewegt haben." Die Frauen geben seit jeher dem Großzügigen den Vorzug, der ihnen nicht auf die Nase bindet, wieviel ihn ein Geschenk gekostet hat.

Die Leidenschaft oder Freundschaft können sich später ergeben, aber Tanzen ist ein bedingungs-loser Akt der Liebe, es geht nicht nur um Technik oder Sinnlichkeit. Sie versucht, ihm in jeder Hinsicht entgegenzukommen. Er legt es darauf an, dass sie sich gut fühlt. Sie sind einfach da, ihre Aufmerksamkeit auf sich selbst und ihren Partner gerichtet, und genießen, egal ob man sie nun beobachtet oder nicht. Nicht der Halbschatten des Saals schafft das Klima, sondern die Umarmung und die musikalische Hülle.

Die Möbel sind verrückt geworden und drehen sich um einen herum. Es kommt ein Kleider-schrank vorbei und andere Objekte mit vier Beinen, die sich zum Rhythmus der Musik bewegen. Sie mit geschlossenen Augen, er mit halb geöffneten Augen, so teilen sie das Gefühl der Intimität.

„Seltsame Verschwörung einer Liebe, die zum Rhythmus wurde ...“[84]

Manche sind Liebhaber, solange die Umarmung anhält. Ihre intensive Romanze beginnt und endet mit der Tanda. Außerhalb des Saals hatten sie noch nie etwas miteinander, aber ihre Affinität ist komplett und ihr Verständnis füreinander perfekt. Sie behandeln sich nicht wie eine Beute, die man erobern könnte, sondern wie zwei Gleichgesinnte, die sich gegenseitig respektieren und bewundern.

Obwohl manchmal auch Intimität und Verlangen ins Spiel kommen. Deshalb vermeiden es manche, mehrere Tandas mit derselben Frau zu tanzen; um das Blut nicht zu erhitzen. Die Frauen hüten sich andererseits, nicht mehr als drei Tandas mit demselben Mann zu tanzen, um keine Verpflich-tung einzugehen.

Aber wenn Männer und Frauen aufeinander treffen, können wunderbare und schreckliche Dinge passieren. Dazu kommt noch, dass es in der Milonga so viele Unterschiede gibt, dass immer das Risiko der Übertreibung besteht. Anziehung und Ablehnung, Verlangen und Furcht sind typisch für die ungleichen Paare, die sich tanzend finden.

Es ergeben sich platonische Liebschaften wie in den Walzertexten. Vergnügte Liebschaften, aus denen niemand geschädigt hervorgeht, wie in den Texten einiger Milongas. Oder Liebschaften wie Tangotexte: intensiv, vulkanartig und manchmal so verheerend, dass sie die Beteiligten immunisieren.

„Wie eine lose Bodenplatte ...“[85] braust er gereizt auf, wenn jemand seinen Fuß auf ihn setzt. Rebellisch gegen jeden Kompromiss einer Beziehung, lebt er sein Leben in der Milonga und will sich nie mehr verlieben. „Aber eines Tages lief ihm eine junge Frau über den Weg, und sein Schicksal nahm eine Wende ...“[86]. Ein Bohemien der Nacht, der seine Freiheit gegen die Wärme einer zarten Liebe eintauschte.

„Was die Verliebtheit nicht alles bewirkt, wofür es keine wissenschaftliche Erklärung gibt...“[86]. Es war einmal eine Dame aus

„guter Familie“, die auf ein Leben voller Luxus verzichtete - aus Liebe zu einem Milonguero, der es verstand, sie zum Beben zu bringen.

Andere nehmen ein böses Ende und gehen in die schmerzhafte Poesie der tragischen Geschichten ein.

„Wegen seines Benehmens und seiner vor-nehmen Umgangsformen, wegen der Dinge, die er mir ins Ohr log, hätte ich nie gedacht, dass er schlecht sein könnte, ein so korrekt erzogener junger Mann ...“[87], so beweint sie die Scherben Ihres gebrochenen Herzens, betrogen von dem undankbaren Liebhaber.

„Weil ich zu gut war, hast du mich dem Elend überlassen ...“[88], so singt er, nachdem ihn die Unbesonnene ohne einen Pfennig stehen ließ.

Angesichts des Risikos, verletzt zu werden, ziehen es daher manche vor, den gewohnten Boden nicht zu verlassen, oder sie wählen das geringere Übel, eine bekannte Geschichte wieder auf-zuwärmen. Die neuen Freundinnen trauen den Ex-Freundinnen nicht über den Weg, weil sie wissen, dass in dem so eigenen Code der Männer ein zufälliges Treffen mit einer früheren Freundin nicht unbedingt als Untreue betrachtet wird. Es ist einfach nur das natürliche Recht des Mannes, weiterhin Eigentümerrechte über etwas auszuüben, was er einmal besaß.

In der Milonga, wie im Leben, gibt es ebenso viele Arten, glücklich zu sein, wie unglücklich zu sein.

Ein Beispiel der Beständigkeit sind die älteren Paare, die seit mehr als 40 Jahren miteinander tanzen, sich in Schale werfen, um in die Milonga zu gehen und sich mit jedem Tango aufs neue verlieben.

Sie war frei und fröhlich, tanzte mit allen und u. a. mit dem, um den sie alle beneideten. Jetzt ist sie seine Freundin und leidet jede Nacht unsäglich darunter, ihn teilen zu müssen, und unter der schrecklichen Vorstellung, ihn zu verlieren.

Eine andere befand sich auf dem sinkenden Schiff, kam alleine und ging alleine nach Hause. Jetzt hat sie eine neue Liebschaft mit einem Tangolöwen, der außerdem nur Augen für sie hat.

Einer hat sich eine Freundin zugelegt und will den Liberalen spielen. Er lässt sie alleine tanzen gehen und kommt spät nach, um nicht vor Eifersucht zu sterben. Nach dem Profil des Kandidaten zu schließen, war er zuvor entweder in einer anderen Milonga oder hat sich die Zeit mit Freunden beim Abendessen vertrieben oder musste auf die Kinder aufpassen. Er taucht um zwei Uhr morgens auf, stellt sich an die Bar und setzt seine Eigentümermiene auf, und kurze Zeit später nimmt er sie mit.

Wenn jemand eine Zeitlang nicht in der Szene zu sehen ist, so steht außer Zweifel, dass ihn seine Freundin in Beschlag genommen hat. Das sollte man nicht falsch auslegen. Im schlimmsten Falle heißt es einfach, dass seine neue Freundin nicht tanzt.

Wenn zwei ein Paar bilden, so sind sie vorüber-gehend davon suspendiert, mit allen zu tanzen. Aber wenn sie sich trennen, kehren sie in den Kreis zurück und sind immer willkommen. „Was interessiert mich deine Vergangenheit!" könnte die Parole lauten. In der Milonga muss man sich nicht rechtfertigen, und alles wird verziehen. Niemanden interessiert es, mit wie vielen man etwas hatte oder mit wem. Das einzig Wichtige ist zu wissen, ob man für diese Tanda, diese Nacht oder diese Woche verfügbar ist.

Aber die wirkliche Leidenschaft ist der Tango selbst. Mit vielen Männern zu tanzen ist für die Frauen, wie sich unter allen die ideale Männerfigur zusammenzubasteln. Als Braut des Tangos fand sie den perfekten Kandidaten, eine Synthese des Besten in jedem Mann. Er ist ein großzügiger und freigebiger Liebhaber und macht es den Männern daher schwer, ihm das Exklusivrecht auf eine Frau streitig zu machen.

Mit mehreren Frauen zu tanzen ist für den Mann, als ob er alle Frauen dieser Erde in seine Arme schließen würde. Mit der sicheren Garantie, dass ihn nie alle in derselben Nacht verlassen werden.

„... Zigarrenrauch und Champagner des Armenonville“[89]

Die Tempel, welche in den alten Tangotexten besungen wurden, gibt es nicht mehr. Ebenso wenig wie die Nächte des Palais de Glace[90] oder das Trianon de Villa Crespo[91].

Wenn auch einige der alten Säle überlebten, so finden die neuen Milongas in für den Anlass gemieteten Lokalen statt – einmal oder mehrmals pro Woche. Ihre Namen, ob sie nun vornehm oder eher ungezwungen klingen, rufen uns mit ihrem bildlichen Charakter immer noch die Vergangenheit in Erinnerung.

Die Riten des Tanzes, die Tanda, das Cabecear und die Anordnung der Tische um die Tanzfläche herum blieben bis heute fast originalgetreu erhalten. Viele der anderen Gepflogenheiten haben sich geändert oder weisen fantasievolle Varianten auf. Aber nicht nur der Ort verleiht der Milonga ihre Identität, sondern auch der Stil und die Persönlichkeit der Organisatoren.

Manche zeigen sich immer präsent und herzlich in ihrer Gastgeberrolle. Sie kennen jeden und sorgen sich um jedes Detail. Sie kümmern sich um das Licht, die Musik und die Temperatur. Und auch darum, dass sich die Leute wohl fühlen. Andere bleiben lieber im Hintergrund und kümmern sich um den Kassenstand.

Manche reservieren den Tisch für die unbestreitbaren Stammgäste, während die untreuen Opportunisten den Tisch an eine Gruppe von Touristen verkaufen, in der Hoffnung, dass diese mehr konsumieren.

Es ist eine Tradition, dass man mit der Nummer der Eintrittskarte an einer Verlosung teilnehmen darf. Eine Flasche Sekt oder Sidra, eine CD oder ein Paar Tangoschuhe sind die am häufigsten verlosten Preise.

Es gibt Milongas, die auf ein Glas oder ein Sandwich oder ein Stück Panettone einladen. In anderen kann man bei Morgengrauen einen recht erschwinglichen Kaffee mit Medialunas erstehen.

Die Bedienungen, jung, eilig, lächelnd, die bereits erahnen, was jeder Besucher bestellen wird, sind dieselben in verschiedenen Milongas, was manchmal für Überraschungen und Verwirrung sorgt. „Was, Claudia ist hier? Ach, dann ist heute wohl Donnerstag, und das hier ist Humberto Primo Nr. 1400. Aber das war doch gestern! Heute ist Freitag, und ich bin in der Gegend von La Rioja und San Juan. Irgendwas stimmt hier nicht; ich glaube, ich habe zuviel getrunken."

Ganz zu schweigen von den Toilettendamen. Sie verkaufen nicht nur Zigaretten und Pfefferminz-bonbons oder stellen Nadel und Faden für den Notfall, sondern hüten auch Geheimnisse, die mehr als einen Neugierigen entzücken würden.

Männer und Frauen, jeder hat seinen Lieblings-platz und seine Theorie, um zu erklären, warum dies der beste Platz ist. In der Nähe des Eingangs oder der Toiletten, auf der Tanzfläche, an der Wand, vor dem Spiegel. Ein Teil des Bühnen-bildes des sitzenden Mannes ist der Kübel mit dem Champagner.

Die Frauen wissen, dass man, um gut zum Tanzen zu kommen, am besten dieselben Orte an denselben Tagen der Woche aufsucht; so kennen einen die Männer; und am besten ohne den Tisch zu wechseln, damit man sie leicht wieder findet. Aber das ist zweischneidige Angelegenheit. Wenn sie immer denselben Ort besuchen, werden sie schließlich zum Inventar, und keiner sieht sie mehr.

In manchen Milongas sind die Codes strenger, und man stellt sich dem Tanz wie einer Herausforderung, mit todernster Miene, ohne jegliche Zugeständnisse, Gespräche oder andere Ablenkung. In anderen gibt es mehr Unterhaltung als Tango; mehrere lange Tische mit Gruppen von Klassenkameraden oder Touristen schaffen eine Partyatmosphäre, aber setzen das Niveau des Tanzes herab. Diese Säle werden gerne für Geburtstagsfeiern gewählt, und zu diesem Anlass kommen oft auch die Verwandten oder Freunde, die nicht tanzen.

Die besten Tänzer oder die Stammgäste werden von den Organisatoren mit einer Karte belohnt, mit der sie keinen Eintritt zahlen müssen. Manche, die ihre Leidenschaft vor jemandem verbergen, erfinden dafür ungeahnte Verstecke. Andernorts werden Schuhbeutel mit dem Logo des Hauses verschenkt. Wenn sie von den Frauen auch sehr geschätzt werden, da es ein besonderer Verdienst ist, unter den Auserwählten zu sein, so können sie sie nicht immer nutzen, denn das würde ihr Geheimnis verraten.

Manche leben ein Doppelleben, entweder weil sie verheiratet sind und die/der andere nichts von ihrer verbotenen Leidenschaft weiß; oder aber weil es in ihrem gesellschaftlichen, familiären oder beruflichen Umkreis nicht akzeptiert würde, dass sie einem so frivolen und angeblich sündhaften Hobby nachgehen. Deshalb verstecken sie sich nicht nur vor Freundinnen und Ehemännern, sondern auch vor Bekannten und Arbeitskollegen. Im allgemeinen können sie auf die komplizenhafte Verschwiegenheit ihrer Gleichgesinnten zählen.

Wie an Land geschwemmte Fische laufen sie sich irgendwann auf der Straße über den Weg. Jeder in Begleitung eines/einer anderen. Eleganter oder auch sportlicher gekleidet. Vorsichtig versuchen sie zu ergründen, inwieweit sie zeigen dürfen, dass sie sich kennen, oder sie grüßen einfach gar nicht.

Selten wird der Pakt gebrochen, normalerweise aus Versehen oder aus Rache. „Du warst schon lange nicht mehr in der Viruta[92]," sagt einer zu dem Mädchen, das er an einem Sonntag in San Telmo in Begleitung spazierengehen sieht. „Die Viruta?" fragt der Freund. „Dort werden Putzmittel verkauft," erklärt sie ihm. „Dieser Junge ist einer der Verkäufer."

Eine elegante Dame trinkt mit ihren Freundinnen Tee in einem Café der Recoleta[93]. „Gehst du morgen ins Niño Bien[94]?" fragt sie eine Frau gedankenlos, die vorbeikommt, um sie zu grüßen. Sie sieht sich gezwungen, ihre Freundinnen aufzuklären: „Das ist ein Kindergeschäft, wo ich für meine Neffen einkaufe."

Eine andere macht es absichtlich, weil sie ihn mit der Dame des Hauses trifft und sie noch eine Rechnung mit ihm zu begleichen hat: „Ich kenne dich doch aus dem Salón Canning[95], oder?" Sie verschwindet ganz schnell. Er räuspert sich nervös und erklärt: „Ja, meine Liebe, das ist der Friseur, wo ich mir früher die Haare schneiden ließ. Diese junge Dame ist die Maniküre."

Es gibt jedoch viele, die sich frei fühlen und zum Tanzen gehen, weil sie Spaß daran haben und weil sie stolz darauf sind. Sie gehen alleine oder zu zweit und erzählen es ihren Freunden. Und sie erweitern die Grenzen ihrer Welt, indem sie mit ihren Tanzfreunden zu Abend essen, ausgehen oder sogar reisen. Wahre Tangobotschafter nehmen den Tango überall mit hin und fühlen sich privilegiert, zur Milonga zu gehören.

Gegen den Uhrzeigersinn[96]

Man ignoriert, dass die Zeit vergeht, oder man sucht vielleicht seine Inspiration in der Vergangenheit, wenn man Tango tanzt.

In dieser Zeit der körperlichen Einsamkeit, in der die Freundschaft, der Sex und die Zuneigung Lösungen im Internet finden, bietet der Tango sowohl die Gelegenheit für eine Live-Begegnung, Körper an Körper, als auch einen Raum, wo man die verschiedensten emotionalen, sinnlichen und künstlerischen Erfahrungen sammeln kann.

So tanzt Buenos Aires. Mit der Vergangenheit in der Gegenwart, die kontinuierlich voranschreitet, zum Klang alter Orchester und Texte, die Geschichten vergangener Zeiten erzählen, aber es tanzt doch heute.

Verloren in der großen Stadt und der globalisierten Welt, findet man sich in der Milonga wieder. Die, welche nicht mehr unter uns sind; die, welche tanzen; die, welche auf dem Weg hierhin sind oder noch kommen werden; die, welche hierher zurückkehren.

Junge Leute, die den Tango entdecken, den ihre Großeltern tanzten, und ihre eigene Energie, Kreativität und Respektlosigkeit beisteuern.

Erwachsene, die den Tango ihrer Eltern wieder entdecken, über den sie jahrelang gelästert haben.

Alte Milongueros, die nie aufhörten zu tanzen und diese neue Vernarrtheit in den Tango überrascht beobachten, während sie sich mit einer Mischung aus stolzer Bescheidenheit und mürrischer Geschicklichkeit über die Tanzfläche bewegen.

Ausländische Touristen, die kommen und zurückkehren, nachdem sie sich in diese intensive Umarmung und diese emotionale Nähe verliebt haben, die sie in ihrem eigenen Land nicht finden können.

Alle bewegen sich zwischen Unterricht und Milongas, die auch nicht mehr alle demselben Muster folgen.

Den Tango von heute tanzt man zwanglos auf einigen Plätzen von Buenos Aires, mit einer billigen Musikanlage auf dem blanken Boden, wo man von neugierigen und erstaunten Passanten beobachtet wird. Auf kameradschaftliche Art, ohne *Cabeceo* oder Zimperlichkeiten, können sowohl der Mann als auch die Frau zum Tanz auffordern. Man tanzt in Jeans und Turnschuhen, Schnür-stiefeln und T-shirt. Da geht man hin, wenn man in dem entsprechenden Stadtviertel wohnt, und sonst auch.

Man tanzt ihn im Unterricht und in den *Prácticas*, die sich ganz natürlich weiter entwickeln, bis sie sich in Milongas verwandeln. Gruppen von Freunden oder Klassenkameraden setzen sich zusammen, unterhalten sich, probieren neue Schritte aus. Dort besteht keine Gefahr, sitzen zu bleiben oder abzublitzen. Ganz brav fordern die Männer alle Frauen auf, und die Frauen tanzen sogar mit dem größten Trampeltier.

Man tanzt auch weiterhin in den traditionelleren Milongas, mit Tanda und *Cabeceo*, und den getrennten Tischen für Männer und Frauen. Dort putzt man sich mehr heraus; die Männer im Anzug oder im schwarzen Hemd; man sieht auch noch öfter mit Gel zurückgekämmte Haare und sogar einen Zweireiher mit feinen Nadelstreifen. Die Damen werfen sich ebenfalls in Schale: Sie zeigen sich in Netzstrümpfen, Kleidungsstücken aus teilweise transparenten oder glänzenden Stoffen; manchmal auch im Minirock und bauchfrei.

Der Tango, „Grenzübertreter“[97], wie ihn Cadícamo[98] nannte, hat die gesellschaftlichen, räumlichen und generationsbezogenen Barrieren überwunden, vermischt verschiedene Stil-richtungen und zieht von den Tanzsälen auf die Straße hinaus. Auch die Jahrtausendwende hat der Tango wie ein unaufhaltsamer Sturzbach über-wunden; die Tänzer nehmen ihn mit in die Zukunft, während sie sich unaufhörlich gegen den Uhrzeigersinn weiterdrehen.

„Wenn du dich aufarbeitest, um ein paar Kröten zu verdienen“[99]

Es gibt Arbeiter, die danach streben, vom Tango zu leben, und Milongueros, die von etwas anderem leben. Zur Milonga zu gehören ist attraktiv, macht süchtig und steckt an, so dass alle davon träumen, auf die andere Seite des Ladentisches zu wechseln.

Einer lernte tanzen, um sich nach dem Büro zu amüsieren, ein anderer verlor sein Geschäft und fand sich plötzlich „ohne Glauben und ohne Yerba von gestern, die noch in der Sonne trocknete“[99].

Jetzt sind sie Partner, sie mieteten einen Saal in einem *Club de Barrio* und eröffneten eine Milonga.

Wieder eine andere verdiente ihren Lebens-unterhalt als Boutique-Verkäuferin. Jetzt ist sie die Freundin eines Milongaorganisators und sitzt zweimal die Woche an der Kasse.

Zwei verliebten sich und tanzen seitdem nicht nur zusammen, sondern sie geben auch Unterricht zusammen. Ein hochriskantes Unterfangen, denn wenn die Geschichte schlimm ausgeht, stehen sie ohne Liebe und ohne Geldquelle da.

Als ehemalige Tänzerin und Witwe fand sie einen Gelegenheitsjob als Toilettenfrau einer bekannten Milonga. Ähnlich wie der Rentner, der die Autos auf der Straße vor einem Tanzsaal bewacht. An den Abenden, wenn die Milonga gut besucht ist, sieht man ihn „die Nase gegen die Scheibe gepresst“[72], während er auf dem Gehsteig mit dem Absatz den Takt markiert.

So mancher Tänzer findet sich plötzlich in der Rolle des Discjockeys, und so mancher Taxifahrer, der gerade noch auf späte Fahrgäste wartete, tanzt jetzt ein paar Tandas.

Manche pflegen ihr Verhältnis zum Tango auf vielfältige Weise: Sie arbeiten an Radio- oder Fernsehprogrammen, sammeln Bücher, Platten oder CDs, tanzen Shows. Sie singen, spielen Bandoneon oder gründen ihr eigenes Tango-Orchester.

Viele waren bereits Künstler, bevor sie sich dem Tango verschrieben. Jeder malte oder zeichnete mit seinem ihm eigenen Stil. Jetzt sind ihre Bilder voller Bandoneons, roter Schuhe und schatten-hafter Milonguero-Umrisse.

Andere wieder schrieben Artikel, Bücher, Zeitschriften. Und manche vermarkten die Werbeanzeigen für diese Zeitschriften, entwerfen Internet-Seiten oder machen Fotos in den Milongas. Viele verteilen Flyers für Unterricht, Shows, Tangoschuhe und -kleidung.

Manche haben den Tanz mit einem bestimmten Tanzlehrer begonnen und helfen ihm jetzt im Unterricht.

Aber manche haben auch hinter dem Tresen begonnen und sprangen schließlich auf die Tanzfläche. Eine studierte tagsüber, und es kam ihr gelegen, nachts als Bedienung in einer Milonga zu arbeiten. Sie war so naiv zu glauben, dass es sich um einen Job wie jeden anderen handelte. Nach wenigen Monaten begann sie, den Unterricht am späten Nachmittag aufmerksamer zu betrachten, jetzt lernt sie selbst und tanzt von Tag zu Tag besser. In manchen Nächten bedient sie in einer Milonga und in anderen sieht man sie in einem anderen Lokal tanzen, zur Milonguera heraus-geputzt.

Er stand hinter der Bar und lieferte immer erstklassigen Service. Er hatte nie Tango oder sonst was getanzt. Jetzt tanzt er Tango, Salsa, Rock'n Roll und macht sich mit der Chacarera vertraut.

Deshalb weiß der, der mehrere Milongas pro Woche abtingelt, dass er sie alle irgendwo auf dieser oder jener Seite des Tresens treffen wird, als Kunden, Hausherren oder Angestellte.

„Wunderbare Mischung aus Besserwissern und Selbstmördern ...“[71], auf lange Sicht sind es die wenigsten, die einen wirtschaftlichen Vorteil aus dem Tango schlagen. Im besten Fall verdienen sie sich ein paar Kröten extra.

Trotzdem ist die Arbeit mit dem Tango ein Alibi, um einen Spleen zum Mittelpunkt seines Lebens zu machen. Die Milonga zahlt das in Freude und Spaß zurück, was man an Zeit und Geld investiert, ebenso wie beim Glücksspiel oder beim Pferde-rennen.

„Sag es mir ins Ohr“[100]

Die Milonga ohne Schmeicheleien und Süßholzraspeln wäre keine Milonga. Poetisches Gesülze, Geflüster und Komplimente sind die Formen der verbalen Erotik, die den Tanz begleiten.

Nur zwei Worte während der Umarmung, ein treffender Satz zwischen Tango und Tango und eine kurze Strophe am Ende der Tanda – das ist die perfekte Dosis. Ganz kurze Momente, die viel verbales Geschick und Wortgewandtheit voraussetzen.

Manche haben eine Standardfloskel, die sie für alle Frauen wiederholen; andere jedoch sind kreativer und trumpfen mit einem maßgeschneiderten Ausspruch für jede Frau auf. Es gibt nichts, was weiter von Lüge, Betrug oder Scheinheiligkeit entfernt wäre. Ganz im Gegenteil: Ein qualitativ hochwertiges Kompliment ist ein Superlativ der Wahrheit. Es hebt eine kleine Wahrheit auf das Niveau ihrer maximalen Ausdruckskraft. Die Kunst der Schmeichelei ist die Fähigkeit, einen wertvollen oder attraktiven Aspekt des anderen auszuwählen und ihn besonders hervorzuheben, ihn in den Vordergrund zu stellen, ihn in Worte zu packen.

Es geht darum, eine Eigenschaft zu ergründen, die unbedingt anerkennenswert ist. Wenn es auch noch subtiler und raffinierter ist, eine verborgene Qualität zu betonen, die nicht jeder entdecken würde, aber auf die der Besitzer insgeheim stolz ist.

Einer Schönheit auf ihre Intelligenz, ihre Sensibilität oder ihre heimliche Schüchternheit anzuspielen; einer harten Schale den versteckten weichen Kern zu loben; darin besteht die ausgefeilte Kunst der Schmeichelei.

Manchmal entdeckt man mit etwas Glück, Intuition oder Geschick etwas, worauf der andere schon immer gewartet hat, was ihm aber bisher niemand gesagt hat.

Worte, welche die Seele des Empfängers gleich-zeitig einhüllen und entblößen. Worte, die einen streicheln und dieses magische Gefühl des Verstandenseins, des Entdecktwerdens und des Geschätztwerdens erzeugen.

Es gibt natürlich auch den Tollpatsch, der der Frau genau darüber ein Kompliment macht, was sie so gut versteckt zu haben glaubte. Wie die drei Kilos zuviel, von denen sie dachte, dass sie keiner sehen würde.

Oder der falsche Heuchler, der nicht existierende Eigenschaften erfindet und so Misstrauen oder Unglaubwürdigkeit hervorruft.

Obwohl es natürlich auch Frauen gibt, die geradezu nach Schmeicheleien lechzen und sich mit jedem Gesülze zufriedengeben. Oder die, die ganz ungläubig tun, damit er noch etwas hinzufügt. „Das sagst du doch jeder," verteidigen sich manche. Ihr zu zeigen, dass sie ihm gefällt, ist okay, aber nicht gut genug. Sie will wissen, warum sie ihm gefällt, was sie von den anderen unterscheidet. Sie will eine Garantie dafür, dass er sich nicht nur zu ihr hingezogen fühlt, weil er ein Aufreißer ist, sondern weil sie wirklich einzigartig ist.

Das Verteilen von Komplimenten ist traditions-gemäß eine Kunst, die den Männern zusteht, wenn sich auch mittlerweile immer mehr Frauen in ihr üben. Das war auch langsam an der Zeit, nach so vielen Jahren als Begünstigte und Opfer dieser Männerpraktik. Die Männer reagieren teils geschmeichelt, teils erschreckt.

Aber die Macht der Männer liegt darin, was sie sagen, und die der Frauen darin, was sie verschweigen. Letztere pflegen ihre eigene Kunst: mit dem Blick, mit dem Schweigen, mit den Gesten, aber vor allem mit dem Körper. Sie passen sich an den einzigartigen Stil jedes Mannes an und geben ihm das Gefühl, ein toller Tänzer zu sein und eine verwandte Seele gefunden zu haben.

Deshalb ist das Kompliment großzügig und egoistisch zugleich, und wenn es authentisch ist, so gewinnen ihm alle Beteiligten etwas ab. Wenn es dagegen falsch ist, gibt es immer sowohl ein Opfer des Betrugs als auch einen Dummen, der seine Zeit und Energie in etwas investiert, das ihn eigentlich gar nicht interessiert.

„Zu jeder Karte gibt es eine, die sie sticht, und die wird auch gespielt ...“[101]

Die Milonga ist vor allem ein Spiel, aber auch ein Sport, bei dem der Körper das Geschick jedes einzelnen zum Ausdruck bringt. Es ist ein geistreiches und erfinderisches Spiel, bei dem Scharfsinn und Erfahrung eine Rolle spielen. Aber auch ein Glücksspiel, bei dem das verrückte Schicksal blind entscheidet, wer gewinnt und wer verliert.

Ob auf dem Spielbrett, dem Spielfeld oder auf der Tanzfläche – wer gewinnt, kann als Verlierer enden. Aber wer verliert, hat immer noch die Chance, alle seine Waffen aufzufahren und sich erneut in den Kampf zu stürzen.

„Das Schicksal gab ihm schlechte Karten, das Spiel drängte ihn auf die Verliererseite ...“[63], und jetzt muss er Punkte zurückgewinnen: Er kann versuchen, eine Tanda mit der besten Tänzerin zu tanzen und sich zur Schau zu stellen. Und wenn das nicht klappt, so kann er immer noch eine Anfängerin auffordern und sie beeindrucken. Ein bescheidener Triumph, aber immerhin ein Triumph.

Nach intensivem Blickkontakt schaffte sie es, mit dem Besten zu tanzen. Doch der Ruhm ist von kurzer Dauer. Er ist die Zielscheibe aller Frauen, und es ist wohl nicht daran zu denken, dass er sie heute nacht nochmal auffordert. Einen Favoriten zu ergattern ist zwar aufregend, aber wenig effizient.

Wenn man auf eine einzige Zahl setzt, läuft man Gefahr, alles andere zu verlieren. Aber wenn man die Jetons zu gleichmäßig verteilt, so wiegt das Gewonnene den Verlust nicht auf.

Auf ein Carré zu setzen kann sich als beste Strategie erweisen, denn so kann man die Illusion pflegen, ins Volle getroffen zu haben, während man auch seitlich abfeuert.

Dort stürmt einer vor, der sich allein auf diesem Teil des Spielfelds befindet und naiv glaubt, das sei seine Gelegenheit, ein Tor zu schießen. Er zielt auf das Tor ... und fordert die Dame auf, als er schon vor ihrem Tisch steht. Ein klares Abseits, denn keine Frau, die etwas auf sich hält, lässt sich von einem Spieler erobern, wenn keine anderen mit gleichen Möglichkeiten in der Nähe sind.

In der Milonga ist es wichtig, wer wer ist, aber auch welcher Platz ihm an diesem Tag zusteht. Die Positionen auf dem Spielbrett sind immer relativ. Es ist schwierig, weiterhin als Gewinner dazustehen, wenn ihm diese Nacht die meisten Kandidatinnen ausblieben und er nicht genügend Spielsteine zur Verfügung hat. Für sie ist es kompliziert, ihre Position zu behaupten, wenn man sie in die falsche Reihe gesetzt hat. Wie man weiß, kann der Bauer bei guten Voraussetzungen die Königin schlagen.

Diejenigen, die nicht spielen können, haben von Anfang an verloren. Andere wiederum versetzen dem Spielbrett bei der ersten Niederlage einen Fußtritt. Ein guter Spieler weiß, wann er aufhören muss. Zu warten, bis die Karten neu gegeben werden, die erste Runde zu verlieren oder neue Karten aufzunehmen können intelligente Strategien sein, um zu gewinnen, wenn die Bedingungen sich gebessert haben.

„Liebling, du hast mein Spiel verhext ...“ [102] – Männer und Frauen benutzen verschiedene Codes. Zwei haben sich bereits erwählt und spielen nun Hand in Hand. Sie fixiert ihn, aber aus dem Augenwinkel heraus versichert sie sich, dass es einen möglichen Ersatz gibt, wenn er sie zu lange warten lässt. Er beobachtet sie aus dem Augenwinkel, aber er tut so, als ob er in eine andere Richtung schaut. Wenn er sich sicher ist, dass er sie lange genug warten ließ, schaut er ihr endlich in die Augen. Aber es ist nicht leicht, sich mit jeder Frau Zeit zu lassen. Manche verliert er beim zweiten Takt, andere geben ihm einen Vorsprung von einem ganzen Tango.

„Der Wissende kann sich glücklich schätzen“ [103]; mit der Zeit und mit zunehmender Erfahrung gewinnt man öfter, aber man lernt auch, mit einem Lächeln zu verlieren bzw. zu gewinnen, ohne jemanden zu kränken, denn auf lange Sicht rächt sich alles.

Scheingefecht, falscher Krieg: Wenn man in der Milonga auch manchmal gewinnt oder verliert, so gibt es doch keine wirklichen Gewinner oder Verlierer.

Liebe im Überfluss

Das Land befindet sich zur Abwechslung mal wieder in einer Krise. Elend, wo man hinschaut, aber in der Milonga merkt man das kaum. Auch wenn das nötige Kleingeld fehlt – irgendwie kriegt man es schon hin. Die Schnorrer kommen nur an den Tisch, um zu grüßen, wenn sie Champagner oder Geburtstagstorten riechen. Andere gehen nur in Milongas, wo sie keinen Eintritt zahlen. Wieder andere geben nie Trinkgeld oder teilen ein Taxi, ohne je ihren Anteil zu zahlen.

Aber das sind Ausnahmen. Es stimmt zwar, dass in der Milonga Gier, Faulheit, Neid und Aus-schweifung herrschen, ja manchmal auch Zorn und Arroganz. Jedoch zeichnen sich die Milongueros nicht durch Geiz aus. Im Gegenteil, sie kultivieren eher die Verschwendungssucht.

Verschwendung von Stunden des Schlafes, denn man tanzt bis spät in die Nacht, obwohl man morgen mit dem Schlaf kämpft und hin und wieder einnickt (anstatt zunickt).

Verschwendung der Musik derjenigen, die „nicht mehr unter uns sind, uns aber immer noch führen“ [71], ein wunderbares Testament, das die Discjockeys verwalten. Wenn auch so mancher Geizhals die besten Tangos für das Ende der Nacht reserviert.

„Während der Woche sollst du arbeiten ...“[104], aber am Freitag gibt er sich dem Luxus hin, mit den schönsten Frauen zu tanzen und sie alle zu befriedigen.

Sie lässt sich nichts entgehen. Wenn sie sich auch der schlanken Linie zuliebe nur Mineralwasser gönnt, verzichtet sie andererseits in Sachen Männer auf nichts.

Alle verschwenden Fantasien, alle verprassen Enthusiasmus und Leidenschaft für den Tango. Natürlich gibt es auch ein paar Geizige, die aus Gewohnheit tanzen und nicht in die Hingabe investieren wollen.

Die guten Tänzer verschenken ihre Aufmerksam-keit und ihr Geschick. Es gibt auch immer ein paar Knauser, die in der ganzen

Nacht nur drei Tandas tanzen und sich ersehnen lassen. Aber das kann man nicht strikt als Geiz bezeichnen, sondern eher als Marketingstrategie: Das knappe Produkt erhöht seinen Marktwert und sein Prestige.

Dasselbe gilt für die Frau, die früh nach Hause geht und Beunruhigung unter ihren Tänzern auslöst. Sie tanzen mehrere Tandas; er schlägt vor, sie zu begleiten. Sie sagt, dass sie früh aufstehen muss. Sie läuft die Treppen hinab wie Aschenputtel, wenn ihre Stunde schlägt. „Hat sie etwa einen anderen, der an der Ecke auf sie wartet?“ fragt er sich. Vielleicht der, der sie gerade noch fest an sich gedrückt hatte und den er gerade aus dem Augenwinkel heraus hastig den Saal verlassen sah, während sie die letzte Tanda tanzte. Jedenfalls gibt es mehrere Männer, die da nicht nein gesagt hätten.

Eine Frau gibt sich dem Tango und jedem Mann auf der Tanzfläche großzügig hin. Manche auch nur tröpfchenweise: Sie sparen an allem, von der Umarmung bis zum Pivot. Andere haben es falsch verstanden und verwechseln die Hingabe mit einem Geschenk. „Vergnügungssüchtig ...“[105] verpulvern sie ihren guten Ruf und geben sich beim erstbesten Kompliment eines Mannes geschlagen.

Es stimmt, dass es auch ein paar elende Figuren gibt, die alles nehmen und nichts geben. Aber ist es der Mühe wert, das Vergnügen zu verhandeln, das man den anderen gibt, um einen möglichen Betrug von ein paar Undankbaren zu vermeiden, und so auf die Schätze zu verzichten, die die Milonga so vielfach zurückzahlt?

Die Arbeit reicht gerade mal so, um zu überleben. Aber um wirklich zu leben, tanzt man. Die Eigentümer des in den Tango investierten Kapitals verteilen es aus vollen Händen auf allen Tanzflächen der Stadt. Vielleicht sollte man sie zum kulturellen Erbe erklären und sie subventionieren, damit sie sich auch weiterhin jede Nacht das Leben ertanzen können.

„Die Einsamkeit schüchterte mich ein ...“[17]

Die Menschen, und ganz besonders die, die die Milonga besuchen, zeichnen sich durch zwei gleichermaßen erschreckende Arten von Angst aus: die Angst vor der Einsamkeit und die Angst vor der Verpflichtung.

Tango tanzen ist eine Risikosportart. Von einem Moment auf den anderen kann man vom Vergnügen in die Angst und von der Angst in die Panik stürzen. Bereits bei der Vorbereitung beginnt man, sich Sorgen zu machen: Ob man das Richtige angezogen hat, ob jemand da sein wird, mit dem man tanzen kann. Einmal in der Milonga angekommen, nehmen die Befürchtungen konkrete Formen an: Ob die Auserwählte für ihn verfügbar sein wird oder eine gleichgültige Miene aufsetzt; oder ob sie mit dem Mann tanzen wird, hinter dem alle Frauen her sind. Die Ängste unterscheiden sich im Ausdruck, aber die Furcht der Männer besteht immer darin abzublitzen, während die Frauen befürchten, am Tisch sitzen zu bleiben.

Aber wenn man beginnt, Milongas zu besuchen, kristallisieren sich zwei zugrunde liegende Arten von Angst heraus: Die Milonga ist der perfekte Zufluchtsort für die, die zwischen zwei gegensätzlichen, aber gleichermaßen intensiven Ängsten schwanken: der Angst vor der Einsamkeit und der Angst vor der Verpflichtung.

Er nahm Abstand von seiner Familie, von seinen Freunden oder befindet sich in einer Beziehungskrise. Wer in die Milonga geht, weiß, dass er nie ganz allein sein wird. Ob in der Nacht, am Nachmittag oder in den frühen Morgenstunden, er weiß, dass es immer einen Ort gibt, der offen ist und wo er sich von Gleichgesinnten umgeben fühlt. Dort wird er immer einen Tisch mit Freunden oder einen Stuhl an einem Tisch eines Fremden finden. Die Musik, die Drinks und die Tanzpartner leisten ihm Gesellschaft.

Kaum ist er jedoch mit jemandem zusammen, da beginnt er schon, seine Unabhängigkeit herbeizu-sehnen und sehnsüchtige Blicke auf die anderen Milongueros oder Milongueras zu werfen.

Deshalb versuchen es die Paare, die sich in der Milonga bilden, mit allen möglichen extravaganten Verträgen und Vereinbarungen, die einzuhalten sich als unmöglich herausstellt, weil Freiheit und Verpflichtung schwer unter einen Hut zu bringen sind.

Sie versuchen es damit, verschiedene Milongas zu besuchen, sich an getrennte Tische zu setzen, oder auch sich an denselben Tisch zu setzen, aber mit anderen zu tanzen. Sie legen Quoten fest: zwei oder drei pro Nacht, nur vier Tandas mit einem anderen. Sie zwingt ihn, einige Frauen auszuschließen, er beschwert sich, wenn sie die Augen schließt oder sich zu nah an einen anderen Partner anschmiegt. Andere kommen mit einer ganzen Gruppe und tanzen nur mit denen, die am selben Tisch sitzen. Sie tanzen zusammen und verlassen die Milonga getrennt, oder sie tanzen mit allen und verlassen die Milonga zusammen.

Es ist ein ständiges Tauziehen zwischen Mann und Frau. Wenn er die Verpflichtung will, verteidigt sie ihre Unabhängigkeit, und wenn sie sich possessiv gibt, flüchtet er. Ein empfindliches Gleichgewicht, bei dem jeder den anderen verpflichten will, ohne selbst eine Verpflichtung einzugehen, und frei sein will, ohne dem anderen Freiheit zuzugestehen.

Der dramatische Tag ist der Samstag, traditionsgemäß der Tag, an dem die Paare tanzen gehen. Wenn man alleine geht, läuft man Gefahr, als Geächteter dazustehen. Für die Singles gibt es nur zwei Optionen: jemanden einladen oder eine Einladung annehmen. Eine zu Wochenanfang begonnene Beziehung kann sich zum Wochenende hin als lästiges Band herausstellen, denn, wie man weiß, kann es ebenso hart sein, an einem Freitag an eine Verpflichtung gebunden zu sein, wie an einem Samstag allein zu sein.
Glücklicherweise ist die Milonga immer da, dreist und aufregend wie eine Geliebte, verständnisvoll und beschützend wie eine Mutter. Man kann immer zu ihr zurückkehren, wenn einen die Einsamkeit bedrückt; es gibt immer den Ausweg der Flucht, wenn sich die Situation zu anspruchsvoll entwickelt.

Eine Kreuzfahrt der Liebe im Zweivierteltakt – die Milonga bietet die Möglichkeit, zwischen den Ängsten zu navigieren, ohne Schiffbruch in der Einsamkeit zu erleiden oder in der Verpflichtung verankert zu bleiben.

„Während die Umarmung wie eine Schlange ...“[38]

Der Tangotanz bringt die gesamte Anatomie von Kopf bis Fuß ins Spiel. Aber es handelt sich nicht um einzelne Körper, sondern vielmehr um Verschlingungen, Verzahnungen und Proportionen von zwei Körpern entgegengesetzter Zeichen.

Zwei und doch nur einer. Tier mit zwei Köpfen, einem einzigen Körper und vier Beinen. Mythologisches Wesen, halb Mann, halb Frau. Ein Monster, das sich selbst umarmt. Verrenkung von Beinen, die sich abwechselnd ausweichen und berühren. Mosaik aus dunkler und heller Haut, bekleideten und nackten Beinen, starken und schwachen Armen.

Der Kontakt der Köpfe markiert das erste Anzeichen von Intimität. Im allgemeinen bestimmt die Frau, wie sie ihr Gesicht im Bezug zu dem des Mannes positionieren will. Wenn sie es nach rechts zum Mann hin dreht, bringt sie ihm ihren Mund näher. Wenn sie es nach links zu seiner Schulter hin dreht, ist sie seinem Ohr näher und er ihrem auch. In derselben Position könnte sie allerdings auch leicht nach hinten gleiten und sich so ebenfalls seinem Mund nähern.

Der Mann schlägt die Art des Kontaktes zwischen den beiden Körpern vor. Er kann sich entweder mit der ganzen Brust vor sie stellen oder einen offenen Winkel bilden. Er bestimmt auch, ob er ihr ein starres Gegenüber anbietet, etwa wie eine Squashwand, oder einen Schlupfwinkel, in den sie sich hineinkuscheln kann.

Die Arme bilden einen Rahmen, der sie in die Umarmung einhüllt. Sie kann jedoch in einer Geste vorgetäuschter Gleichgültigkeit nur den Handrücken auf der Schulter des Mannes ablegen. Oder er zwingt sie in eine starre Haltung, die mehr mit Beherrschung als mit Schutz zu tun hat.

Es ist nicht immer ganz einfach, die Größenunterschiede ideal zu meistern. Aber glücklicherweise muss sich das Gesetz des Ausgleichs nicht auf ein einziges Paar beschränken. Manchmal erreicht man das Gleichgewicht dadurch, dass man mit mehreren Tänzern tanzt. Wenn er kleiner ist als sie und sich nicht mit dieser grausamen Wahrheit abfinden will, kann er sie möglicherweise auf seine

Ebene herunterdrücken. Sie kommt zwar zunächst nicht um Schmerzen in der Taille herum, kann aber zum Ausgleich anschließend mit einem sehr großen Mann tanzen, der dazu neigt, sie an ihn hinzuhängen. Nach einer Tanda ist die Wirbelsäule dann wieder in die Länge gezogen.

Wenn ein großer Mann mit einer kleinen Frau tanzt, beugt er sich oft nicht nur zu ihr herab. Wenn sie sich an ihn hängt, kann er sich gar eine Verletzung der Rückenwirbel zuziehen. Hier ist die beste Alternative, die nächste Tanda mit einer großen Frau zu tanzen, die sich leicht anfühlt.

Für das Wohlbefinden spielen außerdem die Haut, ihre Feuchtigkeit, Geruch und Temperatur eine Rolle. Den Männern ist es lästig, das Haar der Frauen im Gesicht zu haben, denn es behindert ihre Sicht auf die Tanzfläche und kitzelt sie an der Nase. Lippenstift auf dem Hemdkragen und Schminke auf dem Revers sind ebenfalls ein Grund zur Klage.

Die Damen mögen es nicht, wenn sich der zu lange Arm ganz um sie herumschlingt und so die Seite ihrer Brust berührt. Ein Bauch, der sie nach unten drückt und dazu zwingt, beim Tanzen den Hintern hinauszustrecken, ist ebenfalls unangenehm.

Zugegebenermaßen gibt es Unverträglichkeiten, die nicht ganz leicht zu beheben sind, und jeder weiß, mit wem er besser nie wieder tanzt.

Aber wenn alles gut geht, wenn Harmonie herrscht, kann der Mann die geheime Fantasie verwirklichen, wenige Minuten lang Herr über den Körper einer Frau zu sein. Und auch sie kommt dann in den Genuss der Erfahrung, „wie eine an ihm klebende Distel“[106] ein Teil des Körpers des Mannes zu sein.

„Los, tanzen wir, bevor das Orchester zu spielen aufhört ...“[107]

Einfach alles, vom Innersten jedes Einzelnen bis zu dem, was sich im Land abspielt, alle Freuden sowie Dramen und Krisen finden ihren Platz in der Milonga.

Manchmal scheint die Milonga von allem, was sie umgibt, isoliert zu sein. Und dennoch ist das Leben aller *Milongueros* und die sie umgebende Welt ständig in ihr präsent.

Das Feiern der Geburtstage ist nicht aus der Milonga wegzudenken. Abgesehen davon, wie jeder mit seiner Familie und seinen anderen Freundeskreisen feiert oder auch nicht, gibt es immer einen Tisch mit Torte und Champagner in dem Saal, in dem an diesem Wochentag getanzt wird; man kann das Datum der Feier jedoch auch auf den Ort verschieben, an dem man sich am wohlsten fühlt.

Dasselbe gilt für die Feste am Ende des Jahres. Weihnachten feiert man vielleicht mit der Familie. Man nimmt fünf Päckchen für den Weihnachtsbaum mit. Niemand kann sich erklären, warum man nur vier davon da lässt. Der geheime Inhalt des fünften Beutels sind die Schuhe, damit man sich nach dem Anstoßen auf direktem Weg zum Tanzen davonschleichen kann. Man ist zur Silvesterparty bei Freunden eingeladen. Kaum schlägt es zwölf Uhr, richtet man es sich ein, dass man in die Milonga fliehen kann.

Mehr als einmal beginnt ein 9. Juli[108] oder ein 25. Mai[109] kurz nach Mitternacht unversehens mit den Akkorden der Nationalhymne zwischen Tanda und Tanda.

Die Entrüstung des Volkes findet ebenfalls ihr Echo. Heute Nacht ist in der ganzen Stadt Protest-Topfschlagen zu hören. Ungeduldig klingeln die Telefone aller Milongas, die normalerweise in diesem Abend öffnen. Gibt es heute Tanz? Unter Freunden erfragt man den besten Weg für die An- und Abreise, um die gesperrten Straßen mit den Demonstranten zu umgehen. Existenzfrage: Soll man lieber doch zu Hause bleiben? Am Protest teilnehmen? Zuerst zum Protest und anschließend in die Milonga gehen? Ob in der Garderobe wohl genug Platz für die Töpfe ist?

Die Krise ist ebenfalls zu spüren. In den Milongas sieht man (an manchen Tagen) weniger Leute, man gibt weniger Geld aus, es herrscht ein gedämpfteres Klima, und manchmal wird der stillschweigende Pakt gebrochen, die weltlichen Themen an der Tür abzulegen. Was für eine Respektlosigkeit! Wenn man die Ohren spitzt, kann man sogar auf der Tanzfläche ein Gespräch über den *Corralito*[110] mithören.

Es stimmt, dass in Argentinien Krise und Tango immer zusammen einher gingen. Die Tangoliebhaber glauben, dass der Tango ein Kind der Krise und ihre mächtigste Stimme sei. Seine Kritiker dagegen glauben, dass die fast schon chronische Krise, die wir erleiden, ein Vermächtnis des schwarzen Tangogeistes sei, der in jedem *porteño* wohnt.

Wie in den Tangotexten ist die Vergangenheit perfekt und die Zukunft eine glorreiche Fantasie. Illusion und Hoffnung gehen jedoch immer Hand in Hand mit Enttäuschung und Verfehlung. Oder auch mit Wehmut und Reue. In den Nebelschwaden des Baches, an die Erinnerung gekettet, wartet er immer noch auf sie[111]. Oder er wollte wie ein Drachen fliegen, aber seine Schnur war nicht lang genug, um in die Lüfte zu steigen[112]. Alle träumen sie davon, Gardel zu sein.

Land der unerfüllten Versprechen, unmöglichen Träume, des unerwarteten Scheiterns aus purer Naivität. Das Drama des *porteño* ist das, was sein hätte können und doch nicht war. Oder was sein wird und doch nie kommt. Jeder wartet auf die verspätete Anerkennung, die ihn aus seiner Lage des Verlierers herausbringen soll, und die Illusionen bleiben bestehen, vor allem die, sich mit etwas Glück oder aufgrund seines Ansehens oder Ruhms über die Situation hinweg zu retten. Die Krise scheint ewig anzuhalten, und so müssen die Mittel zu ihrer Bekämpfung ebenfalls langlebig sein.

Trotzdem stößt man weiterhin an, liebt man und vergnügt sich. Zuweilen mag man das Gefühl haben, auf dem Deck der sinkenden Titanic zu tanzen. Aber ist es nicht so, dass sich diejenigen, die sich in ihren Kajüten verriegelt haben, bereits unter Wasser befinden? Die *Milongueros* mit ihrer Besserwisserei und ihrem selbstmörderischen Verhalten haben das Feiern trotz allem nicht verlernt.

Jetzt kennst du mich nicht mehr[113]

Erinnerung und Vergessen regieren die Beziehungen in der Milonga. Vergessen zu werden, tut weh; wenn man sich an dich erinnert, kann es jedoch schlimmer sein.

In der Milonga herrscht die selektive Erinnerung. Einer tanzte am Sonntag mit ihr im Canning, am Dienstag in El Beso, am Donnerstag im Niño Bien. Am Samstag treffen sie sich an irgendeinem anderen Ort wieder, und er tanzt nicht nur nicht mit ihr, sondern er grüßt sie nicht einmal. Es scheint, als ob der Besuch einer Milonga mit seiner festen Partnerin Gedächtnisschäden angerichtet hätte.

Andere haben die ganze Nacht zusammen getanzt, und im Moment des Aufbruchs schlägt er ihr vor, sie zu begleiten. Sie akzeptiert nicht, und man weiß nicht genau, ob sie nicht will oder die Eroberung nur etwas spannender machen will. Er lässt sich nicht auf einen Freispruch mangels Beweises ein, sondern betrachtet sich als abgewiesen. Nächstes Mal, wenn sie ihm über den Weg läuft, behandelt er sie, als ob er sie nicht kennen würde. Der verletzte Stolz hat eine widersprüchliche Wirkung auf das Gedächtnis: Man ignoriert denjenigen, der einen verletzt hat, aber die Beleidigung brennt wie ein inneres Feuer weiter.

Sie tanzte sehr häufig mit ihm und auch mit mehreren anderen. Niemand weiß mehr darüber, auch wenn viele eine Romanze vermuten. Jetzt tanzt sie mit allen außer ihm. Wer noch Zweifel hatte, weiß nun, dass es tatsächlich eine Romanze gab, auch wenn sie sich erst bestätigte, als sie bereits zu Ende war.

Ein anderer, der immer alleine sitzt, tanzte mit jenem Mädchen jede Nacht ein paar Tandas. Aber heute setzten sie ihr eine Schlanke an den Tisch, die sie noch nicht kannte, und nun unterhalten sie sich angeregt. Der besagte Herr fängt an zu schwitzen und den Zufall zu verfluchen, dass sie gerade seine derzeitige Freundin an den Tisch seiner Kanditatin gesetzt haben, während er verzweifelte Versuche macht, ungesehen zu bleiben, und angesichts der Möglichkeit eines unvermeidlichen Geständnisses ins Zittern kommt.

Eine Frau sieht beide Männer, mit denen sie letzten Monat noch gleichzeitig ging, am selben Tisch sitzen. Sie fühlt sich in die Enge gedrängt und hat keine andere Wahl, als sie beide zu ignorieren.

Sie tanzt sehr gut und hat mehrere Verehrer, die sie nie wahrgenommen hat. Diese Nacht tanzt sie in den Armen eines Typen, von denen ihre Freundinnen ganz sicher wissen, dass sie ihn nicht ausstehen kann. Überrascht beobachten die Mädchen, wie sie auf der Tanzfläche mit resigniertem Gesichtsausdruck leidet. Das Geheimnis klärt sich auf, als sie am anderen Ende des Saals ihren Exfreund sehen, der gerade mit seiner Neuen hereinkam. Alle wissen, dass in diesem Fall alle Mittel recht sind, um sich nicht der Demütigung auszusetzen, sitzen zu bleiben.

Glücklicherweise geraten einige Beleidigungen und Verrätereien mit der Zeit in Vergessenheit. Es ist ein Paradoxon des Machismus, dass es für die Männer einfacher ist, sich mit demjenigen zu versöhnen, der ihnen das Mädchen wegnahm, als mit der Undankbaren, die sie verlassen hat.

Die Frauen dagegen sind dazu fähig, sich die Augen wegen eines Mannes auszukratzen, aber wenn die Sache einmal in die Geschichte übergegangen ist, werden sie zu Komplizinnen, lachen über ihn und kommentieren seine Macken.

Das Vergessen ist ein Mittel zum Überleben, obwohl es manchmal tiefe Wunden in den anderen hinterlässt. Wir ärgern uns über die, die Gesichter, Namen und gemeinsame Erlebnisse vergessen.

Aber ein Übermaß an Erinnerungen kann eine tödliche Waffe sein, das denjenigen, der an ihnen leidet, vergiftet, und den Erinnerten zu ewigem Groll verurteilt.

Die Erinnerung hat mit Anerkennung, Andenken und Sehnsucht zu tun, aber auch mit Verbitterung und Rachsucht.

Das Vergessen wird mit Gleichgültigkeit, manchmal auch mit Undankbarkeit in Zusammenhang gebracht, aber auch mit Vergebung. Natürlich kommen der Vergebung zuweilen auch der Alkohol, die gedämpfte Beleuchtung und die Arteriosklerose zugute.

Zum Wohl, Opa!

Unter den Liebesgeschichten der Milonga gibt es welche, die wie ein süßes Geheimnis gehütet werden, manche werden in komplizenhaftem Geflüster weitererzählt und wieder andere führen zu einem zwangsläufigen Geständnis, wenn man sich zufällig an jugendfreien Orten und Zeiten trifft.

Ein *Milonguero* mit dem Schritt eines Katers hält sie in seinen Armen und gleitet geschickt mit ihr über die Tanzfläche, während er sie in den Takten von Pugliese wiegt. Sie spürt, dass er mit mehr Gefühl als sonst vibriert. Er haucht ihr ins Ohr: „Soll ich dir ein Geheimnis erzählen?" Sie horcht auf, wird neugierig, das hört sich nach einer Vertraulichkeit an. „Gestern kam Juan Manuel auf die Welt."

Bei einer Geburt, die spätnachts mit Champagner gefeiert wird und nicht mit Windeln und Fläschchen, nachdem man aus dem Schlaf gerissen wurde, kann es sich nicht um ein eigenes Kind handeln, sondern wohl eher um einen Enkel, Neffen, Großneffen, ein Patenkind; Geschichten, die ihnen das Leben mit Liebe füllen, ohne Komplikationen der Verpflichtung nach sich zu ziehen.

Männer und Frauen voller Leben und Leidenschaft, freie Nachtfalter. Ewig junge Großeltern, nur eines der vielen geheimnisvollen Phänomene der Milonga.

Und die Großmütter! Herausgeputzte Omas, elegant und jugendlich! Sinnlich und vergnügt, gekleidet in schwarze Kleider, die nichts mit der Strenge oder Zurückhaltung ihrer eigenen Großmütter zu tun haben. Man sieht auch Kleider mit gewagten Farben, die stilisierte Figuren von unendlichem Charme zur Schau stellen. Strickende Omas im Schaukelstuhl gehören der Vergangenheit an. Jetzt wiegen sie sich in den männlichen Armen, weben Schritte, Geschichten, Liebeleien.

„Am Nachmittag Tee mit Plätzchen und am Abend Tango und Champagner ...[114]" Am Samstagnachmittag treffen sich zwei Damen in Jeans am Spielplatz. Eine in Begleitung von Camilo und seinem Spielzeugauto, die andere von Carolina und ihrer Puppe. Aber nur für ein Weilchen. Sie haben ihre Kinder bereits aufgezogen und sich das Recht einer zweiten Jugend verdient. Die erste wurde zu früh unterbrochen, als sie heirateten und sehr früh Mütter wurden. Diese neue Chance ist die bessere, denn jetzt haben sie keine Verpflichtungen mehr.

Ihre Töchter tanzen nicht, sie erziehen ihre Kinder. Ihre Söhne auch nicht; sie versuchen, sich einen Weg in der Arbeit zu bahnen, eine Familie zu gründen.

Deshalb treffen sich in der Milonga die Jugendlichen, die noch keine Verpflichtungen haben, und die, die sie bereits hinter sich haben und nun wieder frei sind.

Denn wer kann schon ein Leben in der Milonga leben, wenn er sich nachts um die Kinder kümmern und sie morgens in die Schule bringen muss?

Die nachtschwärmerischen Großeltern sind Herr ihers Leben und ihrer Zeit und tanzen mehrmals pro Woche. Mit oder ohne Knete, es reicht immer, um sich etwas zu amüsieren, wenn man keine Familie unterhalten muss.

Ihre Kinder verstehen oder kritisieren sie, in manchen Fällen beneiden sie sie sogar.

Einer steht am Sonntag „frühmorgens“ um die Mittagszeit auf, um die Grillkünste des Schwiegersohns zu ehren. Trotz seines Champagnerkaters vom Vorabend spielt er mit den Enkeln Fußball. Seine Geschwister, Schwager und Schwägerinnen, Großeltern „der anderen Art“, sehen fern oder spielen Karten. Kaum geht die Sohne unter, zieht er sich mit irgendeiner Ausrede zurück.

„Die Nacht ist jung“, denkt er, während seine Kinder erschöpft das Baby ins Bett bringen und er in die Milongas loszieht.

Kinder werden geboren und wachsen heran, und die neuen Großeltern, jünger als ihre eigenen Töchter und Söhne, tanzen.

„... denn etwas an dir zieht mich an. Ich weiß nicht, ob es dein Blick ist ...“[89]

In der Milonga kann man sich unmöglich verstecken: Manche Dinge erzählt man sich, andere sieht man und wieder andere weiß man einfach.

Manchmal muss man gar nicht hinsehen, um zu wissen, was vor sich geht. Wie in einem großen Aquarium wirkt sich jede kleine Gefühlswelle oder Anspannung auf die anderen aus. Liebeleien, Ärger und Racheakte spiegeln sich in den Details von Gesten, Blikken und Verhalten aus. Deshalb reicht es nicht, nicht zu reden, um ein Geheimnis zu wahren.

Einer trennte sich von seiner Freundin und hat vorerst nicht vor, dies preiszugeben. Er kann sich an einen anderen Tisch setzen, aber das ist bereits ein Faktum, das von den anderen interpretiert werden wird. Er kann in eine andere Milonga gehen, aber jemand wird ihn dort sehen. Wenn er sich also nicht dazu bekennen will, ist es besser, zu Hause zu bleiben. Aber nicht aufzutauchen ist ebenfalls ein Zeichen, das jeder irgendwie verstehen wird; manche werden die richtigen Schlussfolgerungen daraus ziehen, und andere falsche. Eine Grippe oder eine Reise sind gute Vorwände, aber im allgemeinen funktioniert die kolletive Intuition ganz gut.

Sie nahm sich vor, ihn nicht anzusehen, das merkt man an ihrem angespannten Hals und an der nervösen Bewegung des Fußes. Heute abend tanzt sie mit jedem Beliebigen, nur damit sie nicht sitzen bleibt. Der sie in seinen Armen hält, fühlt ihre zerstreute und abwesende Haltung. Wer sie von außen beobachtet, kann feststellen, dass sie den Abend damit verbringt, den Herzlosen über die Schulter ihres Tanzpartners hinweg auszuspionieren, um zu sehen, ob er tanzt und mit wem.

Ein anderer sitzt mit dem Rücken zur Tür, und es scheint unmöglich, dass er sehen könnte, wer gerade hereinkam. Aber ihm gegenüber befindet sich der Spiegel, sein bester Verbündeter. Er kann den Spiegel auch dazu nutzen, die Blicke derjenigen zu studieren, die sie ansehen, und in ihnen lesen, was er wissen will.

Die Frauen können außerdem den Spiegel der Puderdose als Rückspiegel einsetzen, um jemanden hinter ihrem Rücken zu überwachen.

Der Mann tanzt mit offenen Augen und kontrolliert so, was um das Paar herum geschieht. Diejenigen, die ganz in der Nähe tanzen, hüten sich, gehört zu werden. Aber die Frau tanzt mit geschlossenen Augen. An ihrer Seite flüstert sich ein Paar seine Geheimnisse zu, ohne sich vorzustellen, dass sie die Ohren spitzt und ihnen zuhört.

Alle beobachten die Bewegungen der anderen Männer und Frauen aufmerksam. Die Damen warten, dass die Rivalin mit einem anderen auf die Tanzfläche geht, um den Blick dessen zu erhaschen, der sie interessiert. Die Herren wachen über die Position ihrer Konkurrenten, um ihnen beim Auffordern durch C*abeceo* zuvorzukommen. Sie können auch warten, bis der andere mit der „Offiziellen" tanzt, um sich mit einer neuen Eroberung auf die Tanzfläche zu wagen oder mit einer alten „Freundin" zusammen zu kommen.

Was sich zwischen zwei Menschen abspielt, kann man an der Form der Arme erahnen, daran, wie sie sich ansehen oder vermeiden, sich anzusehen. Ob sie zusammen sind, es einmal waren oder sein werden. Natürlich kann man sich auch irren und vor Eifersucht verrückt machen wegen etwas, was man nur in eine Situation hinein interpretiert hat.

Wenn auch nicht jeder alle Geheimnisse kennt, so sind die Informationen doch komplett, wenn man die aller Tänzer und Tänzerinnen zusammenzählt. Es gibt immer jemanden, der etwas wahrnimmt, denn man kann sich nicht immer gegen alle Fronten gleichzeitig abschirmen. Jemandem den Rücken zuzudrehen, ohne jemandem das Gesicht zu zeigen, ist schlicht unmöglich.

Die Intuition ist eine weit verbreitete Begabung unter den *Milongueros*, wohl durch das Training, das mit dem Tanz einhergeht. Hier geht es nicht einmal um Gerüchte, Vertraulichkeiten oder Treulosigkeiten, sondern nur darum, dass man bestimmte Gegebenheiten ohne Worte versteht. Wenn man einmal zur Milonga gehört, kann man ihr nicht mehr entkommen. Ob man liebt oder nicht mehr liebt, ob man glücklich ist oder weint, alle sind gleichermaßen Zeugen und Komplizen.

„... die Leute reden sowieso“ [115]

Die Milonga ist wie ein kleines Dorf, jeder weiß alles über jeden. Gesten, Blicke, Rauchsignale und vor allem leise ausgesprochene Worte. Man muss nicht dort gewesen sein, um es mitzubekommen.

Zuweilen spricht jemand positiv über einen anderen oder eine andere. Entweder weil er es so empfindet oder um jemandem zu schmeicheln. Oder er wendet sich an einen Dritten, von dem er weiß, dass er es weitererzählen wird.

Bei anderen Gelegenheiten wird verurteilt oder kritisiert. In diesem Fall kann es sich um Neid oder Verbitterung handeln. Denn aus welchem anderen Grund könnte man sich die Mühe machen, schlecht über jemanden zu sprechen? So kommt der gute oder der schlechte Ruf zustande. Manche Leute erzählen Intimitäten, in denen sie selbst eine Rolle spielten, oder sie erfinden sie, um im Mittelpunkt zu stehen. Hin und wieder plaudern Verräterinnen die Bekenntnisse der Freundinnen aus. In der begrenzten Welt der Milonga verbreiten sich die Kommentare Tango für Tango, Nacht für Nacht.

Ein spezieller Fall sind die, die sich mit Reporterseele auf die Suche nach Exklusivmeldungen machen, um sie zu veröffentlichen. Sie stacheln zu Geständnissen an, spionieren, spitzen die Ohren ..., um später alles weiterzuerzählen.

Niemand weiß, ob es der Wahrheit entspricht, aber man sagt, dass eine Gruppe von *Milonguero*-Forschern einmal ein Experiment durchführte. Eines Nachts brachten sie eine angeblich vertrauliche Information in Gang, und mehrere Stunden lang blieben sie ihr auf der Spur, um ihre Route, ihre Fortbewegungsgeschwindigkeit und ihr Ziel zu erkunden.

Wie lange dauert es, bis eine Geschichte ihre Runde durch die Milonga macht? Wie viel Zeit ist nötig, bis man jemandem seine eigene Geschichte mit dem Namen eines anderen erzählt? Denn es gibt immer einen wirklichen Betroffenen des Geheimnisses. Dieser kann entweder durch seine eigene Clique so gut geschützt sein, dass er es als letzter erfährt, oder er zieht so viel Grausamkeit an, dass er in wenigen Stunden mit Informationen aus mehreren Quellen und Richtungen bombardiert wird.

Die Ereignisse breiten sich ebenfalls wie ein Lauffeuer aus. Freitagnacht, etwa um ein Uhr morgens kommt es in einem Saal in der La Rioja-Straße zu einem kleinen Skandal. Um zwei Uhr läuft die Neuigkeit bereits mit den Tänzern auf der Tanzfläche im Salón Canning einher. Pünktlich um halb vier und ohne Eintritt zu zahlen, steigt das Gerücht die Treppen der Armenia-Straße hinunter, geht die Stufen rechts hinten in Richtung Damentoiletten hinauf und kriecht in ein wachsames Ohr hinein. Es dauert nicht lange, und schon kursiert es über die Tische, die Tanzfläche und erneut in die Toiletten. Frühmorgens tuscheln drei Mädchen über die Einzelheiten, während sie ein Taxi teilen. Natürlich ohne Namen zu nennen, denn wie jeder weiß, kennen die an der Tür wartenden Taxifahrer jeden, der dort ein- und ausgeht.

Die Anekdote könnte beim Morgengrauen um den Kaffee mit Croissants an der Straßenecke Scalabrini und Córdoba sterben. Aber sie überlebt. Ein geheimes und misteriöses Netz verbindet die Geschichten der *Milongueros*. Wem die Neuigkeit bis dahin entgangen ist, der kann immer noch am Samstagmittag im Park von Palermo besser Informierten über den Weg laufen. Oder nachmittags im Caminito. Wer immer noch nichts mitbekommen hat, hinkt im schlimmsten Fall einen Tag hinterher, denn er erfährt es sicher am Sonntagmittag, wenn er in San Telmo oder an der Costanera Sur spazieren geht.

Und dieses ganze Kommunikationswunder funktioniert so ganz ohne Telefon und E-Mail!

„... ich weiß, dass ich den Durchbruch schaffe“[43]

Milongueros und *Milongueras*, *Tangueros* und *Tangueras* genießen eine wohl verdiente, wenn auch verspätete Anerkennung. Tanzen zu können, über Tango Bescheid zu wissen, diese inoffizielle Geschichte des Landes zu kennen, welche die Tangotexte erzählen, ist heute ein Privileg.

Manche freundeten sich vor wenigen Jahren mit dem Tango an und kultivierten ihn in Milongas und *Peñas*[116]. Sie waren diskret und bekannten sich nicht öffentlich zu ihrer geheimen Leidenschaft. Oder sie waren dem passiven Widerstand ihrer Freunde ausgesetzt, wenn sie ihren neuesten *Spleen* mit ihnen teilen wollten. „Na, wie läuft’s mit dem Tango?“ fragten diese mit spöttischem Unterton.

Heute haben sich die Dinge umgekehrt, und das was verborgen war, ist nun gefragt und geschätzt. Dieselben Freunde wachten nach Jahren der Geringschätzung und Gleichgültigkeit auf. Sie sehen, dass es Festivals gibt, dass Zeitschriften veröffentlicht werden, und sie wollen auch mit von der Partie sein.

Sie bitten die Experten um Hilfe: „Ein paar Leute in meiner Firma wollen eine Milonga kennen lernen. Du kennst dich doch aus, komm doch bitte mit.“

Die intellektuelle Freundin, die zu sagen pflegte: „Piazzolla[117] ist ok, man hört ihn auf der ganzen Welt, aber tanzen?“ bittet jetzt um eine Empfehlung, weil sie mit ihrem Mann Tangostunden nehmen will, mit dem Hinweis, dass die Tanzschule nicht zu heruntergekommen sein und nicht in einem unsicheren Stadtviertel liegen sollte.

Die Clique vom *Country Club* will plötzlich einen Tanzlehrer für samstags engangieren. Oder Freunde fragen an, weil Mädchen aus Deutschland zum kulturellen Austausch angereist sind und es deren dringlichstes Anliegen ist, eine Milonga zu besuchen.

Sie verstehen langsam, dass ihnen etwas entgeht. Unterhaltung, Intensität, Verwurzelung, dieses Spiel, das sie nicht spielen können, dieser geheimnisvolle Garten, zu dem sie keinen Zugang haben.

Außerdem, wenn ihre besten und durchaus seriösen Freunde Tango tanzen, anhören, singen, dann muss doch etwas an ihm dran sein, wenn sie auch noch nicht wissen, was es ist.

Sie sehen den Einfluss auf das Leben der Freunde. Deren Augen glänzen, als ob sie eine Romanze leben würden, sie trällern leise vor sich hin, voller Musik und Umarmungen, neuer Emotionen. Manchmal haben sie allerdings auch Augenringe und vernachlässigen ihre Verpflichtungen. Aber die Liebe ist eben so, sie saugt alles in sich auf, ist alleinnehmend. Sie gehen mit dem Schuhbeutel oder der Singmappe zur Arbeit. Sie wissen nicht mehr, was im Kino oder im Theater läuft, und sie kommen wenig zum Lesen.

Einer, der ihrem Beispiel folgt, beschließt schüchtern, den Schritt zu tun. Und ihm geht ein Licht auf: nicht nur aufgrund dessen, was er sieht oder erahnt, sondern auch dessen, was er in sich selbst entdeckt. Er ist sich seiner Entscheidung noch nicht ganz sicher, und wenn jemand zu ihm ins Auto steigt, wechselt er den Sender vom Zweivierteltakt auf Rock und Pop mit einem Gesichtsausdruck von jemandem, der *in fraganti* ertappt wurde.

„Was, du magst Tango? Wie altmodisch!“ sagte der Rockfan früher zu seiner Jugendfreundin. Heute kennen sich die jungen Leute, die früher Rock sangen oder in den Diskotheken tanzten, mit Orchestern, Rhythmen und Geschichten der Vergangenheit aus.

Vom Lehm zum Asphalt, vom Hinterhof auf die Bühne, von der Vorstadt nach Europa, hin und zurück, das Drama des Tango wiederholt sich während seiner gesamten Geschichte „ ... in den Vororten geboren, doch heute regiert er die ganze Welt ...“[118]. Stärke und Leidenschaft; wenn er durch die Tür hinausgeworfen wird, kommt er durch das Fenster wieder herein.

Viele frequentieren die Milongas und genießen den Tanz seit vierzig Jahren. Hin und wieder ein Moment des Ruhms mit Applaus, ein paar Pesos oder einfach die Eroberung einer neuen Liebe. Heute erleben sie ihre Revanche: Sie geben Unterricht, sie haben die Bühne erklommen oder sind auf Europatournee.

Milongueros! sagten die Nachbarn mit strengem Ton der Zensur. Sänger und Poeten, Nachtschwärmer und Trunkenbolde, *Bohémiens* und sympathische Penner. Dennoch waren sie es, welche die heilige Flamme trotz aller Hürden nicht ausgehen ließen und ihr hingebungsvoll ihre Liebe und Zeit widmeten. Sie schenkten uns den Tango, damit wir mit ihm unsere Identität formen konnten.

Quellenverzeichnis

Benedetti, Héctor Angel. *Las Mejores Letras de Tango*. Seix Barral, Bs. As., 1998.

Del Priore, Oscar y Amuchástegui, Irene. *Cien tangos fundamentales*. Ed. Aguilar, Bs. As., 1998.

Del Priore, Oscar. *Yo, Gardel*. Ed. Aguilar, Bs. As., 1999.

Dinzel, Rodolfo. *El tango. Una danza. Esa ansiosa búsqueda de la libertad*. Ed. Corregidor, Bs. As., 1994.

Ferrer, Horacio. *El libro del tango*. Ed. Galerna, Bs. As., 1977.

Gache, Rodolfo. *Baile y filosofía*. Ed. Babel, Bs. As., 1928.

Gobello, José. *Nuevo diccionario lunfardo*. Ed. Corregidor, Bs. As., 1998.

Gobello, José. *Tangos, letras y letristas*. Editorial Plus Ultra, Bs. As., 1996.

Ostuni, Ricardo. *Viaje al corazón del tango*. Ediciones Lumiere, Bs. As., 2000.

Palacio, Jorge (Faruk). *Tangazos I*. Ed. Corregidor, Bs. As., 1997.

Palacio, Jorge (Faruk). *Tangazos II*. Ed. Corregidor, Bs. As., 2000.

Pujol, Sergio. *Historia del baile*. Ed. Emecé, Bs. As., 1999.

Zeitschrift *El Tangauta*. Kolumne *La vida es una milonga*. Ausgaben 62 bis 87.

Richepin, Jean. *A propósito del tango*. Ed. Bilingüe de la Academia Porteña de Lunfardo, Bs. As., 1988.

Romano, Eduardo. *Las letras del tango*. Ed. Fundación Ross, Rosario (Santa Fe), 1994.

Anmerkungen

1 *Mal bailada*: wörtlich: „schlecht betanzt“; des Tangos unwürdige Tänzerin; eigensinnige oder schlechte Tanzpartnerin, die es weder selbst wirklich genießt, Tango zu tanzen, noch es ihren Partner genießen lässt (weil sie das eigentliche Wesen des Tangos oder die ungeschriebenen Regeln der Milonga-Szene nicht wirklich versteht).

2 *Porteño*: Einwohner von Buenos Aires; zu Buenos Aires gehörend; von *puerto* = Hafen.

3 *Vals*: auch *Vals Cruzado*, *Vals Criollo*, Tangowalzer; einer der drei Rhythmen und Tänze, die die Tangomusik zur Grundlage haben, neben Tango und Milonga.

4 *Corrientes*: Eine Straße in Buenos Aires, benannt nach der Provinz "Corrientes"; übersetzt: Strömungen, Ströme.

5 *A media luz*. Tango. Text von Carlos César Lenzi. Musik von Edgardo Donato.

6 *Tristezas de la calle Corrientes*. Tango. Text von Homero Expósito. Musik von Domingo Federico.

7 *Milonguero*: (1) Zur Milonga gehörend. (2) Person, die sich im Tangomilieu bewegt, Stammgast/Tänzer der Milonga. (3) Sänger der Milonga.

8 *Milonga*: (1) Ort oder Lokal, wo man Tango tanzt. (2) Die Welt des getanzten Tangos. (3) Einer der drei Rhythmen, der die Tangomusik als Basis nimmt: Tango, Vals und Milonga.

9 *Club de Barrio*: Typisches (Tanz-)Lokal eines Stadtviertels von Buenos Aires.

10 *Básico, Ochos, Giros, Paradas, Ganchos, Sacadas*: Tango-Tanzfiguren.

11 *Práctica*: Ort, wo man Tango in zwangloser Atmosphäre tanzt.

12 *Cabecear*: Zunicken – eine übliche Art, jemanden aus einiger Entfernung mit einer leichten Kopfbewegung bei gleichzeitigem Augenkontakt zum Tanzen aufzufordern.

13 *La Brisa*: Tango. Text von Juan A. Caruso. Musik von Francisco Canaro.

14 *Compadre*: gefürchteter, aber ebenso geachteter Messer-held. *Compadrito*: „halbstarke“ Version des *Compadre*.

15 *Barrio Norte*: Stadtteil von Buenos Aires, in dem vorwiegend wohlhabende Familien wohnen.

16 *Tanda*: drei bis fünf aufeinanderfolgende Tangos, Milongas oder Valses, während denen man üblicherweise mit demselben Partner tanzt; eine Tanda endet mit der *Cortina*[19].

17 *Como dos extraños*: Tango. Text von José María Contursi. Musik von Pedro Laurenz.

18 *Chacarera*: Traditioneller argentinischer Tanz.

19 *Cortina*: Musikstück zwischen zwei Tandas; Tanzpause, während der die Tänzer an ihre Tische zurückkehren, um nach einem neuen Tanzpartner Ausschau zu halten; von *cortina* = Vorhang.

20 Pugliese, Osvaldo: Pianist, Dirigent und Komponist. Geboren in Villa Crespo am 2. Dezember 1905. Mit 15 Jahren begann er, seine ersten Tangos zu komponieren, die eine einfache Struktur aufwiesen, bis 1924 *Recuerdo* kam. Sein Werk *La Yumba* nahm er 1946 auf, obwohl er es schon einige Jahre lang gespielt hatte. Pugliese war und ist ein sehr populärer Komponist. Nach kurzer Krankheit starb der *Maestro* 1994 im Alter von 89 Jahren in Buenos Aires.

21 *La Cumparsita*: Tango. Text von Pascual Contursi und Enrique Maroni. Musik von Gerardo Matos Rodríguez.

22 *El último café*: Tango. Text von Cátulo Castillo. Musik von Héctor Stamponi.

23 *Fileteado*: Mit den Füßen auf den Tanzboden "gezeichnete" Verzierung; dekorative Volkskunst mit Ursprung im Buenos Aires des frühen 20. Jahrhunderts, die der Verzierung von Pferdekutschen diente.

24 *Payador*: Sänger der Payada. *Payada*: Improvisierter, meist von zwei Payadores bestrittener, dialogähnlicher Sprechgesang über ein beliebiges Thema, begleitet von Gitarrenmusik.

25 Perkal: feinfädiger Baumwollstoff.

26 *Bombilla*: Saugröhrchen der Matetee-Trinker.

27 *Madame Ivonne*: Tango. Text von Enrique Cadícamo. Musik von Eduardo Gregorio Ferreyra

28 *Pa' que bailen los muchachos*: Tango. Text von Enrique Cadícamo. Musik von Aníbal Troilo.

29 D'Arienzo, Juan: Violinist, Dirigent und Komponist. „Der König des Rhythmus" wurde am 14. Dezember 1900 in Buenos Aires geboren. Für ihn charakteristisch sein aufgewühlter Stil, schneller als die anderen Orchester; ein gut zum Tanzen geeigneter Stil. Einige von ihm komponierte Tangos erfreuen sich großer Beliebtheit: *Paciencia*, *Garronero*, *El vino triste* (Text von Manuel Romero), *Chirusa* (Text von Nolo López), und *No nos vemos nunca*. Er verstarb im Jahre 1976.

30 Di Sarli, Carlos: Pianist, Dirigent und Komponist. Der „Señor des Tangos" wurde am 7. Januar 1903 in Bahía Blanca geboren. Er trug gewöhnlich seine klassische getönte Brille, die die Spuren eines Unfalls verbargen. 1919 komponierte er seinen ersten Tango: *Meditación*. Er war ein romantischer und melodischer Komponist, wie man in *Milonguero viejo* und *Bahía Blanca*, beide instrumentale Stücke, hören kann. Außerdem hinterließ er mehrere Tangos wie *Loco lindo* (Text von Conrado Nalé Roxlo), *Otra vez carnaval* (Text von Francisco García Giménez), *No me preguntes por qué* (Text von Reinaldo Pignataro), *Chiquetera* (Text von Guillermo Nacarelli), *Verdemar* (Text von José María Contursi), *Al pan, pan, y al vino, vino* (Text von Rodolfo Sciamarella), *Cayorda* (Text von Luis Vaccarezza), *Así era mi novia*, *Nido gaucho*, *Bien frappé*, *Corazón*, *Whisky*, *Porteño y bailarín*, *La capilla blanca*, *En un beso la vida*, *Juan porteño* (alle Texte von Héctor Marcó); alle diese Tangos waren sehr populär. Er verstarb am 12. Januar 1960.

31 Troilo, Aníbal: „Pichuco" (Spitzname). Bandoneon-Spieler, Komponist und Dirigent. Geboren am 11. Juli 1914. Mit 11 Jahren entdeckte er seine Berufung zum Bandoneon. Er komponierte *Garúa* (Text von Enrique Cadícamo), *Barrio de Tango*, *Sur*, *Che, bandoneón*, *Discepolín* (alle vier mit Texten von Homero Manzi), *Una canción*, *La última curda* (beide mit Texten von Cátulo Castillo), *Mi tango triste* (Text von José María Contursi). Nach einer großen Karriere, zahlreichen Beiträgen zur Tangokunst und mit allem Respekt des Publikums und der Kritiker starb Aníbal Troilo am 18. Mai 1975.

32 Biagi, Rodolfo (1906-1969): Dirigent, Komponist und Pianist. Bereits mit 13 Jahren hatte er seine ersten musikalischen Auftritte. Die bekannteste seiner Tango-Kompositionen war *Gólgota*.

33 Caló, Miguel: Bandoneon-Spieler und Dirigent. Geboren am 28. Oktober 1907 in Buenos Aires. Schon sehr jung studierte er Musik und lernte, Geige und Bandoneon zu spielen. Seine Karriere begann 1925. Er ist Autor der instrumentalen Tangos *Milonga porteña*, *Mi gaucha*, *Garabito*, *Todo es mentira*, *Ternuras* und *Campanita oración*. Außerdem komponierte er gesungene Tangos wie *Me llamo Anselmo Contreras*, *Jamás retornarás*, *Si yo pudiera comprender*, *Qué te importa que te llore*, *Dos fracasos*, *Qué falta que me hacés* und *Cómo le digo a mi vieja*. Er starb am 24. Mai 1972.

34 Laurenz, Pedro: Geboren am 10. Oktober 1902 in La Boca als Pedro Blanco. Sein erster Kontakt mit der Musik war der Geigenunterricht; das Bandoneonspielen brachte er sich selber bei. Mit 22 Jahren war er bereits zweiter Bandoneonspieler des Sextetts von Julio De Caro. Zu seinen Kompositionen zählen *Milonga de mis amores* (gesungen von Héctor Farrel) und *Enamorado* (instrumental). Er verstarb am 7. Juli 1972.

35 Tanturi, Ricardo: Pianist, Dirigent und Komponist. Geboren am 27. Januar 1905 in Buenos Aires. Der Anfang seiner musikalischen Laufbahn ist Mitte der Zwanzigerjahre anzusiedeln. Seine Werke waren u. a.: *Ese sos vos*, *Pocas palabras*, *Mozo guapo*, *A otra cosa*, *Che, pebeta*. Er starb am 24. Januar 1973.

36 De Angelis, Alfredo. Pianist, Dirigent und Komponist. Geboren in Adrogué am 2. November 1912. Die folgenden Stücke sind besonders gute Zeugen seines Stils: *Quien más, quien menos*, *Lunes*, *Marinero*, *Gloria*, *Como nos cambia la vida* und *Almagro*. Er komponierte *Pregonera*, *La pastora*, *Alelí*, *Mañanita linda* und *El taladro*, dem Banfield-Fußballclub gewidmet, mit dem er sympathisierte. Alfredo de Angelis war nicht nur ein exzellenter Pianist und Dirigent mit einem ganz eigenen, unverwechselbaren Stil, sondern auch ein hervorragender und sehr produktiver Komponist.

37 *La yumba*: Tango. Musik von Osvaldo Pugliese.

38 *Así se baila el tango*: Tango. Text von Marvil. Musik von Elías Randal.

39 *Salida*: Tango-Tanzfigur.

40 *Traspié*: Spezielle Fußtechnik beim Tango bzw. bei der Milonga.

41 *Mano a mano*: Tango. Text von Celedonio Flores. Musik von Carlos Gardel und José Razzano.

42 *Truco:* argentinisches Kartenspiel mit spanischen Karten, bei dem man sich durch Mimik mit seinem Mitspieler verständigt, ohne dass es der gegnerische Spieler sieht.

43 *El sueño del pibe*: Tango. Text von Reinaldo Yiso. Musik von Juan Puey.

44 *Siga el corso*: Tango. Text von Francisco García Giménez. Musik von Anselmo Aieta.

45 *Muchachos comienza la ronda*. Tango. Text von Leopoldo Díaz Vélez. Musik von Luis Porcell.

46 *¡Tarde...!* Tango. Text und Musik von José Canet.

47 *Fuimos*. Tango. Text von Homero Manzi. Musik von José Dames.

48 *Nada*. Tango. Text von Horacio Sanguinetti. Musik von José Dames.

49 *Recuerdo*. Tango. Text von Eduardo Moreno. Musik von Osvaldo Pugliese.

50 *Cicatrices*. Tango. Text von Enrique P. Maroni. Musik von Adolfo R. Avilés.

51 *Marcas*. Tango. Text von Carlos Bahr. Musik von Héctor María Artola.

52 *Los Mareados*. Tango. Text von Enrique Cadícamo. Musik von Juan Carlos Cobián.

53 *Ninguna*. Tango. Text von Homero Manzi. Musik von Raúl Fernández Siro.

54 *El último organito*. Tango. Text von Homero Manzi. Musik von Aldo Manzi.

55 *El último farol*. Tango. Text von Cátulo Castillo. Musik von Aníbal Troilo.

56 *La última curda*. Tango. Text von Cátulo Castillo. Musik von Aníbal Troilo.

57 *El último guapo*. Tango. Text von Abel Aznar. Musik von Abel Aznar Riel. *Guapo*: Gefürchteter und respektierter Messerheld.

58 *La última grela*. Tango. Text von Horacio Ferrer. Musik von Astor Piazzola.

59 *Viejo coche*. Tango. Text von Celedonio Flores. Musik von Eduardo Pereyra.

60 *Viejo smoking*. Tango. Text von Celedonio Flores. Musik von Guillermo Barbieri.

61 *Viejo Tortoni*. Tango. Text von Héctor Negro. Musik von Eladia Blázquez.

62 *Vieja luna*. Tango. Text von Celedonio Flores. Musik von A. Galucci.

63 *Vieja recova*. Tango. Text von Enrique Cadícamo. Musik von Rodolfo Sciammarela.

64 *Picadita*: Platte mit Schinken, Käse, Oliven, Erdnüssen, Chips.

65 *Qué mufa che*. Tango. Text von J. Zambaldi. Musik von Américo Sturla.

66 *Cuando llora la milonga*. Tango. Text von Luis Mario (María Luisa Carnelli). Musik von Juan de Dios Filiberto.

67 *Uno*. Tango. Text von Enrique Santos Discépolo. Musik von Mariano Mores.

68 *Por qué canto así*. Glosse. Celedonio Flores.

69 *A fuego lento*. Tango. Musik von Horacio Salgán.

70 *Pa' que sepan cómo soy*. Tango. Text von Norberto Aroldi. Musik von Emilio González.

71 *Cafetín de Buenos Aires*. Tango. Text von Enrique Santos Discépolo. Musik von Mariano Mores.

72 *El ciruja*. Tango. Text von Francisco Marino. Musik von Ernesto de la Cruz.

73 *Alma de bohemio*. Tango. Text von Juan A. Caruso. Musik von Roberto Firpo.

74 *Pero yo sé*. Tango. Text und Musik von Azucena Maizani.

75 *Anclao en París*. Tango. Text von Enrique Cadícamo. Musik von Guillermo Barbieri.

76 *Muchacho*. Tango. Text von Celedonio Flores. Musik von Edgardo Donato.

77 *Mala Suerte*. Tango. Text von Froilán Gorrindo. Musik von Francisco Lomuto. "Ich kann dir nicht versprechen, meinen Lebenswandel zu ändern, weil ich als Milonguero geboren wurde und als solcher sterben muss. Ich fühle mich zum Vergnügen, zu den Cafés und zu den Mädels hingezogen, und solange es eine Milonga gibt, muss ich dort hingehen.“

78 *Pivot*: Drehung des Fußes bei bestimmten Tanzfiguren, um den Körper zu drehen oder die Richtung zu wechseln, z. B. bei den *Ochos*.

79 *Bailarín compadrito*. Tango. Text und Musik von Miguel Eusebio Bucino.

80 *Enfundá la mandolina*. Tango. Text von José María Horacio Zubiría Mansilla. Musik von Francisco Pracánico.

81 *Compadrear*: Sich wie ein *Compadre* aufspielen, heldenhaft tun.

82 *Sencillo y compadre*. Tango. Text und Musik von Juan J. Guichandut und Carlos Bahr.

83 *Bajo el cono azul*. Tango. Text von Carmelo Volpes. Musik von Alfredo De Angelis.

84 *El choclo*. Tango. Text von Enrique Santos Discépolo und Juan Carlos Marambio Catán. Musik von Angel Villoldo.

85 *Baldosa floja*. Milonga. Text von Dante Gilardoni. Musik von Florindo Sassone und Julio Bocazzi.

86 *Cumplido*. Tango. Text und Musik von Enrique Cadícamo.

87 *De mi barrio*. Tango. Text und Musik von Roberto Goyeneche (Pianist, 1895-1925).

88 *Chorra*. Tango. Text und Musik von Enrique Santos Discépolo.

89 *Margot*. Tango. Text von Celedonio Flores. Musik von Carlos Gardel und José Razzano.

90 *Palais de Glace*. Tango. Text von Enrique Cadícamo. Musik von R. Luna.

91 *Muñeca Brava*. Tango. Text von Enrique Cadícamo. Musik von Luis Visca.

92 *La Viruta*: Milonga in Buenos Aires; übersetzt: „Holzspan“.

93 *Recoleta*: nobles Stadtviertel von Buenos Aires; die bekannteste Straße ist gesäumt von Restaurants und Cafés.

94 *Niño Bien*: Milonga in Buenos Aires, übersetzt: „Kind aus gutem Hause“.

95 *Salón Canning:* Milonga in Buenos Aires, benannt nach dem früheren Namen der Straße, an der sich die Milonga befindet.

96 Gegen den Uhrzeigersinn: Richtung, in der sich die Paare auf der Tanzfläche der Milonga bewegen.

97 *Tango de ayer*. Tango. Text und Musik von Enrique Cadícamo.

98 Cadícamo, Enrique: Poet und Komponist. Geboren am 15. Juli 1900 in der Nähe von Luján, Provinz von Buenos Aires. Bevorzugter Komponist von Carlos Gardel, mit dem er von 1925 bis 1933 23 Themen aufnahm. Sein erster Tango war *Pompas de jabón*. Weitere Kompositionen: *Al mundo le falta un tornillo*, *Rubí*, *Tres esquinas*, *Tres amigos*, *La he visto llorar*, *Almita herida*. 1987 wurde er zum *Ciudadano Ilustre de Buenos Aires* (Ehrenbürger von Buenos Aires) erklärt. 1996 wurde er als Personalidad Emérita de la Cultura Argentina (berühmte Persönlichkeit im Ruhestand der Argentinischen Kultur) ausgezeichnet. Er verstarb am 3. Dezember 1999 in Buenos Aires im Alter von 99 Jahren.

99 *Yira yira*. Tango. Text von Enrique Santos Discépolo.

100 *Dímelo al oído*. Tango. Text und Musik von Francisco Lomuto.

101 *Las cuarenta*. Tango. Text von Froilán Gorrindo. Musik von Roberto Grela.

102 *Cero al as*. Tango. Text von Francisco Bohigas. Musik von Arturo Gallucci.

103 *Suerte loca*. Tango. Text von Anselmo Aieta. Musik von Francisco García Giménez.

104 *Garufa*. Tango. Text von Roberto Fontaina. Musik von Juan A. Collazo.

105 *Fumando espero*. Tango. Text von Juan Viladomat Masanas. Musik von Félix Garzó.

106 Anspielung auf den Tango *El abrojito*: Tango. Text von Jesús Fernández Blanco. Musik von Luis Bernstein.

107 Titel des Tangos *A bailar*. Text von Homero Expósito. Musik von Domingo Federico.

108 9. Juli: Unabhängigkeitstag.

109 25. Mai: Tag der Revolution von 1810.

110 *Corralito*: Umgangssprachliche Bezeichnung für das Einfrieren von privaten Geldeinlagen auf Bankkonten während der Krise in Argentinien Ende 2001.

111 Anspielung auf den Tango *Nieblas del Riachuelo*. Text von Enrique Cadícamo. Musik von Juan Carlos Coblán.

112 Anspielung auf den Tango *Sueño de barrilete*. Text und Musik von Eladia Blázquez.

113 Titel des Tangos *Ahora no me conocés*. Text von Carlos Giampe. Musik von Armando Balliotti.

114 Aus dem Tango *A media luz*, Text von Carlos César Lenzi, Musik von Edgardo Donato.

115 Zeile aus dem Tango *Rodando tu esquina*. Text von Enrique Cadícamo. Musik von Charlo (Juan Carlos Pérez de la Riestra).

116 *Peña*: Lokal, in dem Folklore gespielt und getanzt wird.

117 Astor Piazzolla: Astor Piazzolla wird am 11. März 1921 in Mar del Plata, Argentinien, geboren. 1930 beginnt er, Bandoneon zu spielen.

In New York lädt ihn Carlos Gardel ein, einige Stücke des Films *El día que me quieras* aufzunehmen, und 1937 kehrt Piazzolla nach Argentinien zurück, wo er seine wirkliche Karriere als Bandoneonist im Orchester von Anìbal Troilo beginnt.

1952 gewinnt er den Ersten Preis der Komposition in Frankreich, weshalb ihm die französische Regierung ein Stipendium verleiht, damit er mit Nadia Boulanger in Paris studieren kann.

Nach dieser Etappe in Frankreich gründet Piazzolla zwei Orchester: Das *Octeto de Buenos Aires* und das *Orquesta de Cuerdas*, mit denen er eine Musikrevolution auslöst und gnadenlose Kritiken gegen ihn erweckt. Die Verleger und Medien boykottieren ihn, und so geht er 1958 nach New York, wo er als Musikarrangeur arbeitet. Zwei Jahre später kehrt er nach Buenos Aires zurück und bildet ein Quintett. Er ist immer mehr davon überzeugt, dass der Tango Musik zum Anhören ist und nicht zum Tanzen. 1965 arbeitet er eng mit Jorge Luis Borges zusammen, zu dessen Gedichten er die Musik schreibt. Die Schallplatte *El Tango* kommt im selben Jahr heraus.

1967 schreibt er mit Horario Ferrer *María de Buenos Aires*. Anschließend komponiert er *Tangazo* im Auftrag des Maestro Calderón, Dirigent des Ensamble Musical de Buenos Aires, der das Stück auf seiner Tournee durch die USA vorstellt. Nach seiner Zusammenarbeit mit Ferrer wagt er sich in einen neuen Bereich vor: den gesungenen Tango.

1969 wird *Balada para un loco* zum Welterfolg. Dieses kommerziellere Genre bringt ihn einem größeren Publikum näher. Sein Publikum, das sich bis dahin aus einigen wenigen Experten zusammensetzte, wächst immer mehr und erkennt in Piazzolla den authentischen Ausdruck der Musik von Buenos Aires.

Am 4. August 1990 erleidet Astor Piazzolla in Paris eine Gehirnthrombose. Nach zwei Jahren Krankheit stirbt er in Buenos Aires am 4. Juli 1992.

118 Aus dem Tango *La canción de Buenos Aires*: Tango. Text von Manuel Romero, Musik von Azucena Maizani und Oreste Cúfaro.

Dieses Buch ist in italienischer, englischer und spanischer Sprache verfügbar bei www.abrazosbooks.com